Crime e Drogas

RELAÇÕES PSICOLÓGICAS, COMPORTAMENTAIS E JURÍDICAS

Conselho Editorial

André Luís Callegari
Carlos Alberto Molinaro
César Landa Arroyo
Daniel Francisco Mitidiero
Darci Guimarães Ribeiro
Draiton Gonzaga de Souza
Elaine Harzheim Macedo
Eugênio Facchini Neto
Giovani Agostini Saavedra
Ingo Wolfgang Sarlet
José Antonio Montilla Martos
Jose Luiz Bolzan de Morais
José Maria Porras Ramirez
José Maria Rosa Tesheiner
Leandro Paulsen
Lenio Luiz Streck
Miguel Àngel Presno Linera
Paulo Antônio Caliendo Velloso da Silveira
Paulo Mota Pinto

Dados Internacionais de Catalogação na Publicação (CIP)

N972c   Nunes, Laura M.
       Crimes e drogas : relações psicológicas comportamentais / Laura M. Nunes, Jorge Trindade. – Porto Alegre : Livraria do Advogado Editora, 2016.
       128 p.; 21 cm – (Coleção Direito e Psicologia).
       Inclui bibliografia.
       ISBN 978-85-69538-58-5

       1. Psicologia criminal. 2. Drogas e crime. 3. Drogas - Abuso. 4. Dependência química. I. Trindade, Jorge. II. Título. III. Série.

CDU 343.95
CDD 364.2

Índice para catálogo sistemático:
1. Psicologia criminal   343.95

(Bibliotecária responsável: Sabrina Leal Araujo – CRB 10/1507)

COLEÇÃO DIREITO E PSICOLOGIA

Laura M. Nunes
Jorge Trindade

Crime e Drogas

RELAÇÕES PSICOLÓGICAS, COMPORTAMENTAIS E JURÍDICAS

livraria
DO ADVOGADO
editora

Porto Alegre, 2016

©
Laura M. Nunes
Jorge Trindade
2016

Capa, projeto gráfico e diagramação
Livraria do Advogado Editora

Revisão
Betina D. Szabo

Gravura da capa
Grande Baigneuse Au Livre, 1937
Pablo Picasso

Direitos desta edição reservados por
Livraria do Advogado Editora Ltda.
Rua Riachuelo, 1300
90010-273 Porto Alegre RS
Fone: 0800-51-7522
editora@livrariadoadvogado.com.br
www.doadvogado.com.br

Impresso no Brasil / Printed in Brazil

Ao Miguel e à Liane,

Laura M. Nunes

Para o Antônio, a Maria Valentina e a Catarina,
a nova geração...

Jorge Trindade

Nota dos autores

Após a experiência que resultou na publicação da obra "Criminologia: trajetórias transgressivas", em 2013, os autores avançaram nos temas inesgotáveis do crime e das condutas criminosas, com a publicação, em 2014, do livro "Delinquência: percursos criminais". O processo desenvolvido entre os dois autores, numa ponte entre Portugal e Brasil, teve continuidade conduzindo a uma terceira obra: esta que aqui se apresenta e na qual se explora um tipo específico de criminoso: o designado "especialista droga-crime".

Neste livro, os autores apostaram na análise interpretativa das principais investigações que se desenvolvem na atualidade e aprofundaram conhecimentos para debater o misterioso registro comportamental daquele que, sendo dependente de drogas, constrói também um percurso criminal ou, no sentido inverso, sendo criminoso, envereda ainda pelo consumo e subsequente dependência de drogas.

Em mais um ponto de interseção entre Psicologia, Direito e Criminologia, os autores apresentam aqui as principais linhas teóricas e os modelos mais representativos que, desde as primeiras hipóteses explicativas, procuram captar o que está subjacente à coocorrência dos dois comportamentos: o consumo problemático de drogas e as práticas criminosas.

Nesta nossa terceira obra conjunta da coleção Direito e Psicologia exploramos uma questão que permanecia intocada: a controvertida e misteriosa relação droga-crime.

Porto (Portugal) e Porto Alegre (RS, Brasil), julho de 2015.

Laura M. Nunes
Jorge Trindade

Nota de apresentação

João Ricardo Moderno*

Crime e Drogas – Relações psicológicas, comportamentais e jurídicas é um livro que supreende pelas ideias claras e distintas, tal como recomendava Descartes para a excelência da pesquisa filosófico-científica. Laura M. Nunes e Jorge Trindade também surpreendem pela oportunidade da publicação no Brasil de uma obra que certamente abrirá novos caminhos no combate ao crime, e em uma melhor compreensão das drogas e do universo da drogadição.

Crime e Drogas foi capaz de dar conta da imensa complexidade interdisciplinar dos problemas, e com uma nitidez teórica e uma objetividade científica que mescla a observação empírica e a sofisticação conceitual com absoluta austeridade de linguagem. A dimensão do crime em escala industrial global exige um esforço científico de todos que visam a perpetuidade da civilização.

A obra é de uma singular erudição, além de um sensível rigor histórico, apresentando as drogas do pontos de vista cultural, científico, filosófico, psicológico e jurídico. No mundo contemporâneo, a destruição do ser humano pelas drogas afeta diretamente o índice de criminalidade, tornando-se impossível dissociarmos crime e drogas.

Não seria exagerado afirmar que o livro *Crime e Drogas* teve a ousadia de propor que esta relação é das mais importantes da atualidade, e que a resposta adequada do ponto de vista da razão é a *conditio sine qua non* da própria sobrevivência

---

* Presidente da Academia Brasileira de Filosofia, Docteur d'État (Doutor de Estado) em Filosofia – Letras e Ciências Humanas pela Université de Paris I – Panthéon – Sorbonne, e professor associado do Departamento de Filosofia da Universidade do Estado do Rio de Janeiro.

da humanidade. A destruição do meio ambiente no planeta acabou por privilegiar aspectos externos ao ser humano, que são fundamentais, mas que não deveriam nos fazer esquecer dos aspectos endógenos, que assumem uma dimensão ontológica jamais vista. De nada vale salvar o planeta se não nos preservarmos do crime e das drogas. Preservar o planeta a partir da nossa condição ontológica no mundo nos parece ser o único ponto de partida da responsabilidade ecológica.

O conhecimento profundo e penetrantes das relações crime-droga constitui-se o *a priori* das respostas da razão sobre a desrazão de natureza patológica. O crime e as drogas tornaram-se um fenômeno da cultura de massa, tipicamente contemporânea. O crime e as drogas foram reinventados, e nas últimas décadas assumiram uma feição jamais vista na história da humanidade. Afetam as relações familiares, econômicas, sociais, culturais, políticas, científicas, esportivas, religiosas, militares e internacionais.

Crime e drogas lança um debate essencial da modernidade, que criou a ilusão de poder viver exclusivamente pelo princípio do prazer, e se vê agora diante do princípio da realidade, e sem o qual nem mesmo é possível a dialética da existência humana. Esse o grande desafio do milênio.

Sumário

Introdução 15

Capítulo I – As drogas: contextualização teórica e conceitual 17

Sinopse do capítulo 17

1.1. Enquadramento histórico e definição de drogas 18

1.2. Caracterização das drogas e tipologia de consumos 23

1.3. Toxicodependência – as possíveis explicações e alguns modelos e teorias 28

    1.3.1. O primeiro grupo de modelos e teorias – enfoque na explicação 30

    1.3.2. O segundo grupo de modelos e teorias – enfoque no (des)envolvimento 33

    1.3.3. O terceiro grupo de modelos e teorias – enfoque na compreensão integrada 38

1.4. Algumas análises internacionais sobre a toxicodependência 42

Nota final 43

Capítulo II – O crime: contextualização teórica e conceitual 45

Sinopse do capítulo 45

2.1. Enquadramento teórico do crime 45

2.2. Modelos explicativos do fenômeno criminal 49

    2.2.1. Modelos explicativos biológicos 50

    2.2.2. Modelos explicativos sociológicos 51

    2.2.3. Modelos explicativos psicológicos 56

    2.2.4. Modelos explicativos integradores 60

2.3. Algumas análises internacionais sobre o crime 63

Nota final 65

Capítulo III – Entre crime e drogas: os trajetos possíveis 67

Sinopse do capítulo 67

3.1. Os trajetos possíveis 67

    3.1.1. Do consumo de drogas à dependência e ao crime 69

    3.1.2. Da prática de crime ao consumo de drogas 73

    3.1.3. A concorrência droga-crime 76

3.1.4. A outra face do fenômeno: relação crime-vitimização........78
Nota final..80
Capítulo IV – Entre crime e drogas: os processos............................82
Sinopse do capítulo..82
4.1. As últimas hipóteses..83
4.2. A "construção" do designado especialista droga-crime.............84
4.2.1. Faupel – estilo de vida e carreira...............................85
4.2.2. Agra – os estágios de desenvolvimento de um perfil.........89
4.3. Os estilos: toxicômano, delinquente e especialista droga-crime....95
Nota final..99
**Capítulo V – O uso e a dependência de drogas perante a
lei do Brasil**..100
Sinopse do capítulo..100
5.1. Medidas socioeducativas...100
5.2. Uso de drogas e dependência...101
5.3. Abordagens para coibir o uso de drogas.............................104
5.4. Tipos de prevenção..106
5.5. Descriminalização ou despenalização?..............................108
5.6. Uma lei de prevenção?...110
5.7. Críticas à lei antidrogas...115
5.8. Para uma compreensão do sujeito e sua relação com a droga......116
Conclusão..118
Referências...120

Índice dos quadros

Quadro 1. Alguns dos sistemas classificatórios das drogas, função de diferentes fatores e segundo diferentes autores. ... 27

Quadro 2. Classificação das abordagens teóricas ao fenômeno do consumo de drogas, de acordo com a proposta de Becoña e Martín. ... 29

Quadro 3. Síntese esquemática dos modelos e teorias com enfoque no desenvolvimento por estágios. ... 37

Quadro 4. Síntese esquemática das fases apresentadas por Becoña na instalação do consumo de drogas. ... 39

Quadro 5. Síntese esquemática dos fatores implicados na instalação do comportamento de dependência de drogas, segundo Becoña. ... 41

Quadro 6. Síntese esquemática do capítulo. ... 44

Quadro 7. Perspectivas teóricas do crime. ... 49

Quadro 8. Elementos presentes no desenvolvimento e na consolidação do laço social, de acordo com a teoria apresentada por Hirschi. ... 56

Quadro 9. Os domínios e as dimensões da personalidade, bem como os elementos que a afetam no seu desenvolvimento, segundo Costa e McCrae. ... 59

Quadro 10. Elementos/Fatores implicados no possível desenvolvimento de comportamentos antissociais, segundo Farrington. ... 63

Quadro 11. Síntese esquemática do capítulo II. ... 66

Quadro 12. Modelos baseados na perspectiva de que o trajeto seguido por estes sujeitos é o de que as drogas originam o crime. ... 69

Quadro 13. Síntese esquemática do capítulo III. ... 81

Quadro 14. Os estágios de instalação e desenvolvimento da carreira conducente a *drug-crime link*. ... 87

Quadro 15. Os estágios de instalação e desenvolvimento do perfil de funcionamento do especialista droga-crime. ... 91

Quadro 16. Esquema de apresentação do tipo Especialista Droga-Crime e respectivo funcionamento global. ... 119

Introdução

Será o consumo problemático de drogas que leva à prática criminosa? Terá a prática de crime um impacto no sujeito, de forma que ele acabe por consumir drogas, tornando-se delas dependente? A ligação entre drogas e crimes estará relacionada com a necessidade de obter meios econômicos para adquirir as drogas de que se depende? Então, nesta lógica, apenas se consideraria a sequência temporal de consumo de drogas seguida de práticas criminosas e, além disso, estes sujeitos apenas cometeriam crimes aquisitivos! Será que aquele que comete crimes e consome problematicamente drogas tem um modo de pensar, sentir e agir que decorre de características que não são mais do que o somatório do que caracteriza o toxicodependente e o delinquente?

Estas e muitas outras perguntas se colocam a respeito de um fenômeno que tem levantado graves problemas em termos de investigação criminal, tem mantido aceso o debate político e trazido importantes questões sociais implicadas e que, simultaneamente, vêm despertando grande curiosidade entre os que se dedicam à investigação científica a respeito destes domínios. Por isso, este livro começa com a apresentação das drogas e da sua história, de uma breve exploração de alguns modelos que procuram trazer luz à questão do consumo de drogas para, em seguida, passar a contextualizar teoricamente o crime, apresentando algumas perspectivas que procuram explicar, ainda que parcialmente, o comportamento criminoso.

Por último, a obra passa a explorar a ligação entre os dois comportamentos – toxicodependência e práticas criminosas – sob as diferentes perspectivas que foram se desenvolvendo nas últimas décadas de estudos sobre o fenômeno droga-crime. Analisam-se os modelos que emergiram das primeiras hipóteses exploratórias, extraindo-se deles as bases que permitiriam a passagem a outras abordagens, mais atuais, mais adaptadas à complexidade da problemática. Terminamos com a apresentação do chamado Especialista Droga-Crime, num esquema que procura salientar as suas características mais frequentes. Afinal, trata-se de uma das figuras desviantes que mais marca presença nas ruas das nossas cidades.

Capítulo I – As drogas: contextualização teórica e conceitual

Sinopse do capítulo

Começaremos pela palavra "droga" e pela sua origem, passando ao significado que lhe foi sendo atribuído numa viajem em torno do conceito e da sua história. Posteriormente, trataremos das questões referentes às díspares classificações destas substâncias, atendendo também ao fato de as mesmas terem sofrido alterações, acréscimos, reduções, eliminações e substituições que, ao longo do tempo e com o crescente conhecimento a seu respeito, foram-se revelando inevitáveis.

Ora, se importa definir e classificar, através de uma categorização em função das características das diferentes substâncias, não importará menos procurar analisar alguns dos modelos teóricos que ensaiam possíveis explicações, ainda que parciais, do fenômeno do consumo problemático e da dependência de drogas. Havendo um quadro de dependência química, não será menos verdadeira a instalação de um quadro de dependência comportamental, com associação de condutas, muitas vezes ritualísticas, que acompanham o toxicodependente. Também estes aspectos, mais periféricos, mas não menos importantes, serão brevemente abordados aqui.

Em termos internacionais, o fenômeno das drogas e do seu consumo, problemático ou não, tem sido alvo de grande curiosidade, gerando estudos que conduzem a conceitualizações dignas de atenção. Por isso, um ponto referente às análises que, internacionalmente, existem sobre o tema, será apresentado.

Crime e Drogas

1.1. Enquadramento histórico e definição de drogas

Este primeiro ponto de análise a respeito das drogas e do fenômeno do seu consumo, problemático ou não, com fins medicinais, recreativos, religiosos, sociais, econômicos, e até visando aumentar a produtividade e o empenho do sujeito nos contextos acadêmico e/ou laboral, implica a focalização na história das drogas e, porque não, a história das formas e motivações do seu uso, ao longo do tempo.

Droga é uma palavra com ligação ao conceito grego de *pharmacon*, considerado para designar as substâncias que poderiam atuar de forma benéfica ou nociva, em função da dosagem e da forma do seu uso. Assim sendo, e de acordo com essa velha sabedoria, as drogas poderiam ser consideradas tanto remédios quanto venenos, sendo substâncias com o poder de vencer o corpo de quem as consumisse, não sendo por ele vencidas, e tendo a capacidade de nele produzirem alterações orgânicas e anímicas (Escohotado, 2004).

Numa tentativa de construir uma definição de droga, tendo em consideração as variadas conceitualizações existentes, pode-se afirmar que as drogas constituem um grupo de substâncias que apresentam o poder de gerar alterações significativas no estado de consciência de quem as consume (Seibel & Toscano, 2001), influenciando os processos mentais do indivíduo (Organização Mundial de Saúde, 2006) mediante a modificação da sua atividade cerebral (Kaplan, Sadock & Grebb, 2003), e tendo a capacidade de levar ao desenvolvimento de tolerância com necessidade de aumento da dose para obtenção dos mesmos efeitos, para além de conduzirem à dependência com a consequente síndrome de abstinência, quando da supressão do consumo (Doron & Parot, 2001), através da manifestação de um conjunto de sinais e sintomas que emergem simultaneamente. Ora, perante tão poderosas características, é facilmente perceptível que as drogas influenciam fortemente os comportamentos humanos ao longo do tempo, afetando também o funcionamento psicológico das pessoas e, evidentemente, moldando e tornando necessárias certas decisões e medidas de caráter legal e jurídico.

O conhecimento a respeito do passado do uso e/ou abuso de substâncias torna possível o estabelecimento de algumas comparações extremamente úteis para a melhor percepção do fenômeno e dos fatores que estarão subjacentes à toxicodependência. De fato, deve ter-se consciência de que o recurso às drogas nem sempre assumiu contornos problemáticos, sobretudo nas culturas pré-modernas, em que as substâncias eram usadas sem que se instalasse necessariamente o conjunto de características preocupantes que hoje se associam aos consumos e às respectivas consequências (DuPont, 2005). Efetivamente, o que atualmente caracteriza o consumo de drogas é um conjunto de elementos que se foram revelando através do tempo, não tendo surgido repentina e ocasionalmente. Muito pelo contrário, terá sido um processo regido por fatores de natureza econômica, política, social e até científica, sendo que tais fatores foram dinamizando mudanças processuais no fenômeno, sempre de forma histórica e culturalmente contextualizada (Morel, Boulanger, Hervé e Tonnelet, 2001).

Também por essa multiplicidade de fatores que, conjunta e interativamente foram influenciando o curso da história do fenômeno das drogas, pode-se afirmar que se trata de um problema com uma longa e complexa história (Toscano Jr., 2001). Esse passado poderá auxiliar na abordagem atual do problema, com os contornos que surgem como resultantes de uma "continuidade histórica" inegável (Poiares, 1999).

O legado deixado pelo abuso de drogas por parte da espécie humana remonta a milhares de anos e aponta para áreas geográficas tão distintas como a China, o Egito, a Índia e a América (Lyman, 2014). Na verdade, desde há muito que os homens se refugiam nas drogas e delas se servem para alcançar estados de euforia e conforto, procurando chegar a momentos de inspiração, de esquecimento, de grande energia e de apoio para inúmeras tarefas e atividades. Exemplos disso são oferecidos pela história, como foi o caso da civilização egípcia, em que o cânhamo era fonte de esquecimento dos problemas, servindo também para enganar a fome e o cansaço (Angel, Angel, e Valleur, 2002).

Em outras paragens, como na América do Sul, a velha civilização Inca já recorria às folhas de coca para delas extrair o seu efeito energético, considerando-se também que aquela planta auxiliava a digestão e reduzia o apetite (Lyman, 2014). Para além disso, a coca era considerada sagrada, sendo atribuída a um presente do deus sol e, também por isso, um privilégio de que usufruíam apenas os mais nobres entre os Incas. Esta riquíssima substância, em tempos considerada divina, não esgotou aí a sua história que, prolongando-se até à atualidade, e ainda terá muito mais para contar futuramente (Ferreira & Martini, 2001). Na civilização Inca, o valor da coca era tal que chegou a ser usada como moeda de troca para transações comerciais entre aqueles nativos da América (Lyman, 2014). Ainda por terras americanas, mais especificamente na zona do México, a religião apresentava rituais e cerimônias tradicionais em que as drogas estavam presentes, extraindo-se delas as condições anímicas que favoreciam as práticas então desenvolvidas com fins místicos (Poiares, 1999).

Note-se que, bem antes da Era Cristã, o ópio, por exemplo, era referido como representante da alegria num registro deixado pelos sumérios. Mais no Oriente, podem ser referidos os alquimistas que trabalhavam as substâncias de forma a obter preparados que, como o *pó das cinco pedras*, era de rápida absorção através de uma marcha enérgica, levando à perda da noção de passagem do tempo, com consequências devastadoras para o seu consumidor que envelhecia de forma assustadoramente rápida (Poiares, 1999).

A literatura da antiga Grécia refere ambos, o álcool e o ópio e, na *Odisseia* de Homero, há referência aos comedores de Lotus, o que parece sugerir que os gregos seriam conhecedores do uso do ópio por parte de culturas do norte de África. Mais tarde, Hipócrates, considerado o pai da medicina, recomendava uma bebida constituída por papoilas brancas com sementes de urtiga, numa tendência para o uso terapêutico de certas substâncias (Lyman, 2014). De fato, a antiga Grécia foi o berço da moderna medicina, tendo sido também onde o ópio começou a ser recomendado pelos seus efeitos curativos (Poiares, 1999).

Entre os romanos, conhecedores da papoila dormideira e das características e propriedades do ópio, Plínio proporcionou, na sua obra, uma explicação a respeito da extração daquela droga a partir da conhecida flor (Angel, Angel, & Valleur, 2002). Note-se que, bem mais tarde, o ópio viria a se revelar como uma gravíssima ameaça contra a qual a China teve de travar uma dura batalha para libertar o seu povo daquela dependência (Lyman, 2014).

O tempo foi passando e as drogas foram sobrevivendo. Atravessaram civilizações, acompanhando o ser humano até aos dias de hoje, em que o fenômeno acabou por assumir contornos de extrema gravidade. Já na Idade Média, as então chamadas *bruxas* começaram a aumentar em número, acompanhando o desenvolvimento da farmacopeia ocidental, até aí muito pobre e composta de substâncias extraídas diretamente de plantas que raramente eram usadas, sendo deixadas para as práticas ligadas aos exorcismos e a alguns cultos demoníacos. Na Baixa Idade Média ocorreu uma franca recuperação econômica relativamente ao período anterior, instalando-se as condições que, a par de outros fatores, levariam a um grande desenvolvimento de movimentos e rituais que se faziam acompanhar do uso de drogas. Por isso, e nesse contexto, acabou por se verificar um franco desenvolvimento também sob esse prisma, com emergência de publicações várias a respeito do número crescente de práticas de bruxaria, envolvendo cerca de um terço das francesas que, nas suas atividades, recorriam a múltiplas substâncias (Escohotado, 2004).

É imprescindível referir, neste breve apontamento sobre a história das drogas, que o posterior movimento dos *Descobrimentos* do então chamado *Mundo Novo* teve um papel essencial no desenvolvimento dos conhecimentos sobre drogas e na sua proliferação na Europa. Evidentemente, portugueses e espanhóis não poderiam ter sido alheios a tal evolução, tendo contribuído para um drástico aumento de substâncias trazidas para o *Velho Continente*, e que começaram a ser usadas cada vez mais pelos europeus. Chá, tabaco e muitas outras espécies da botânica das terras que foram sendo descobertas acabaram por invadir a Europa, através das viagens realizadas em busca de novos mundos (Poiares, 1999).

Já bem depois, por volta do fim do século XVIII e início do século XIX, novos e drásticos desenvolvimentos ocorreriam no âmbito das drogas, tendo-se conseguido extrair do

Crime e Drogas

ópio os cristais de que resultaria a morfina, à qual se atribuiu o nome inspirado no deus do sono – *Morfeu*. Apenas em fins do século XIX a heroína seria introduzida no mercado (Angel, Angel &Valleur, 2002), como substância miraculosa cuja síntese e comercialização viria a transformar a *Bayer*, que passou de pequena fábrica de corantes para uma poderosa indústria produtora de medicamentos (Escohotado, 2004).

Em plena revolução industrial, em que se instalara uma feroz competitividade, o álcool passou a ser ardilosamente usado com o objetivo de silenciar os trabalhadores menos satisfeitos com as miseráveis e desumanas condições quase escravocratas da época. Já entre as classes privilegiadas da Europa, o ópio havia se tornado moda a partir do século XIX, cujos últimos anos viriam a revelar os gravíssimos resultados e efeitos de um uso descontrolado daquela substância (Farate, 2000). Efetivamente, o consumo de ópio era um privilégio de que apenas desfrutavam os mais abastados, num registro de luxuosa extravagância manifestada pelas elites mais cultas do continente europeu (Poiares, 1999).

Chegados ao século XX, eis que as drogas passam a ser resultado não apenas da manipulação de plantas, para se obterem também pelo manuseamento de átomos e íons, moles e moléculas, numa busca frenética de substâncias sintéticas, nunca antes vista. Eis-nos na grande corrida contra as drogas, em que nos sentimos sempre em atraso relativamente a quem dirige tais mercados.

As anfetaminas entraram nos mercados no início do século XX e, em meados do mesmo século, deu-se a descoberta de uma substância que marcaria a história das drogas. Trata-se da *Dietilamina do Ácido Lisérgico*, vulgarmente conhecida por LSD. Com o movimento dos jovens *hippies* nas décadas de 60/70 do século passado, assistiu-se à generalização do consumo de drogas de abuso por parte dos jovens dos países ocidentais do norte da Europa e da América. O abuso de drogas atravessou classes sociais e deixou de ser um "privilégio" de alguns (Angel, Angel & Valleur, 2002). Entretanto, nas décadas de 80/90 assistiu-se à proliferação descontrolada e incontrolável das drogas químicas. Entrou-se definitivamente na Era das *design drugs* a respeito das quais, segundo Lallemand e Schepens (2005), a própria

Organização das Nações Unidas reconheceu não controlar a produção e a distribuição.

Desde a década de 60 do século passado, as instituições foram tentando apertar o controle e a regulamentação das drogas ilegais e a ilegalidade da sua produção e comercialização (Lyman, 2014): em 1961 a *Single Convention on Narcotic Drugs* procurou definir normas para o controle internacional do ópio e seus derivados, de coca e de *cannabis*, limitando os próprios governos relativamente à sua produção com fins médicos e de investigação; em 1971 a *Convention on Psychotropic Substances* ampliou o controle antes definido e passou a incluir na lista de drogas a serem vigiadas alguns alucinógenos como o LSD, certos estimulantes, as anfetaminas e determinados sedativos; em 1981, constatando-se que o problema continuava a se alastrar, procedeu-se à criação de um programa de 5 anos, apresentado pela *International Drug Abuse Control Strategy*; ainda na mesma década, o tráfico de drogas foi classificado, por uma declaração da *United Nation General Assembly*, como uma atividade criminal de cariz internacional que constituía uma grande ameaça à segurança e ao desenvolvimento dos povos.

As medidas de combate e prevenção do consumo e do tráfico de drogas não pararam nem abrandaram desde então, mas a verdade é que, como afirma Poiares (1999), a droga abandonou os salões e deixou os clubes elitistas, passando a invadir as ruas das cidades e entrando também nos bairros de operários. A droga expandiu-se, desenvolveu-se e generalizou-se.

1.2. Caracterização das drogas e tipologia de consumos

Para além das já referidas definições de droga, podem ser encontradas também diferentes classificações em função de díspares critérios, e colocando a tônica em diversos aspectos. Tais sistemas classificatórios remetem muito frequentemente para as características das diferentes substâncias, pelo que se torna pertinente apontar aqui algumas das propriedades que mais caracterizam as drogas.

Crime e Drogas

Definidas genericamente como substâncias muito poderosas, que reúnem condições para alterar os estados orgânicos e anímicos do seu consumidor, podendo induzir alterações no estado de consciência e provocando mudanças ao nível do funcionamento cerebral, a ponto de terem impacto nos processos mentais e, consequentemente, ao nível comportamental, as drogas conduzem à instalação de um quadro de dependência, verificando-se o desenvolvimento de tolerância com manifestação de uma síndrome de abstinência. Esta definição, já antes apresentada e baseada no contributo de variados autores, não é impeditiva de uma abordagem mais particular, em que se procuram caracterizar as diferentes substâncias que integram a categoria genericamente referente às drogas.

As tentativas para categorizar as drogas através de uma classificação que obedeça a um sistema auxiliam a melhor se conhecerem essas substâncias. De acordo com Seibel e Toscano Jr. (2001), um desses sistemas classificatórios divide as substâncias em *Calmantes da Vida Psíquica* ou *Euphoria*, em *Alucinogeneos* ou *Phantastica*, em substâncias *Inebriantes* ou *Inebriantia*, em *Hypnoticas* e em *Excitantia*.

De acordo com os mesmos autores, o primeiro grupo, designado por *Euphoria*, integraria as drogas que, como a morfina, o ópio, a codeína e a heroína, reduzem, quando não suspendem, a atividade emocional e perceptiva, oferecendo ao consumidor um estado de agradável calma. Já a classe das *Phantastica* incluiria as substâncias que, como o peiote e o cânhamo, teriam uma ação de criação de perturbação perceptiva, através da alucinação e do delírio. No que se refere ao grupo das *Inebriantia*, este abarcaria as drogas que, tal como o éter, o álcool e a benzina, proporcionam um inicial estado de excitação, seguido de períodos depressivos que poderiam ir até estados de perda de consciência. No grupo das *Hypnotica* estariam associadas as drogas como o sulfonal, que provocariam sono no seu consumidor. Finalmente, na categoria das *Excitantia*, encontrar-se-iam as substâncias que, à semelhança da cafeína e do tabaco, estimulariam a atividade cerebral, tornando o consumidor mais adrenérgico.

Este conjunto de categorias tratou de ir classificando/organizando as drogas em função dos efeitos provocados durante o estado de intoxicação. Mas outras classificações foram surgindo, como é o caso da proposta por Escohotado (2004), que apresentou um sistema "Funcional" de classes de substâncias. Estas últimas seriam então divididas em 3 grupos: o dos *Fármacos de Paz*, o dos *Fármacos de Energia* e o dos *Fármacos Visionários*.

Ao primeiro grupo, de acordo com o autor, estariam associadas as substâncias que proporcionam (ou prometeriam proporcionar) um efeito de pacífica tranquilidade. Entre essas drogas, incluir-se-iam substâncias como o ópio, a morfina, a codeína, a heroína, a metadona, o éter, o álcool e outras com efeitos tranquilizantes. Já ao segundo grupo, o dos *Fármacos de Energia*, estariam ligadas outras substâncias que, pelas suas propriedades, confeririam ânimo, força e energia aos seus consumidores. Neste grupo incluíam-se drogas como café, folhas de coca, cocaína, *crack*, anfetaminas e muitas outras. A classe dos *Fármacos Visionários* integraria as substâncias que, como o cânhamo, a marijuana, as metanfetaminas, a dietilamina do ácido lisérgico (LSD), o haxixe e a mescalina, produzem efeitos associados a delírio e alucinação, causando drásticas alterações na percepção. Numa lógica muito semelhante, podem repartir-se as drogas pelo grupo das substâncias *Estimulantes* do sistema nervoso central, enquanto outras se enquadram na classe dos *Depressores* do sistema nervoso central e, outras ainda, são consideradas como pertencentes ao grupo dos *Perturbadores* do funcionamento do sistema nervoso central.

Note-se que nem todas as classificações são orientadas em função dos efeitos produzidos pelas substâncias. Goldstein (2001) definiu uma estrutura organizadora das substâncias, repartindo-as em sete "famílias" ou grupos, que diferem entre si na sua química, nos efeitos que produzem sobre os comportamentos, nos danos que provocam a longo prazo e na forma como se desenvolvem os padrões de consumo. Assim, de acordo com o autor, o primeiro grupo é o da *Nicotina*, cuja absorção não se faz apenas pela via tradicional, pelo fumo de cigarros, mas também através dos tecidos e membranas da boca e do nariz, por contato com a

Crime e Drogas

substância. A segunda família de drogas seria a do *Álcool e Associados*, que inclui, para além do álcool que está obviamente presente, outras substâncias como as benzodiazepinas, terapeuticamente usadas, mas também consumidas como drogas de abuso.

Seguindo esta tipologia apresentada por Goldstein (2001), surge o terceiro grupo, dos *Opiáceos*, incluindo os derivados do ópio, que induzem calma e integram drogas como a heroína, a codeína, a metadona e outras. Segue-se o grupo da *Cocaína e Anfetaminas*, com efeitos opostos aos provocados pelas substâncias do grupo anterior, incluindo, por exemplo, o *crack*. É em quinta posição que surge a família *Cannabis*, integrando substâncias que contenham tetra-hidrocanabinol (THC), como é o caso da marijuana e do haxixe. Segue-se o grupo da *Cafeína*, bem conhecida de todos e, por último, a sétima família de drogas, a dos *Alucinogenios*, incluindo, naturalmente, substâncias perturbadoras da percepção, como a dietilamida do ácido lisérgico (LSD) ou a fenilciclidina (PCP). Mas a busca de sistemas classificativos das drogas não se esgotam por aqui.

Algumas outras categorizações tratam de organizar as drogas levando em consideração a sua legalidade/ilegalidade, enquanto outras distribuem as substâncias por classes que remetem para o padrão de consumos e o tipo de usuário. Pode-se depreender que, também a este nível, encontram-se diferentes pontos de vista e diversos fatores em função dos quais as drogas são consideradas sob primas muito variados.

De fato, podem ser listados alguns dos elementos que sustentam as diferentes categorizações que tratam da organização das substâncias em grupos (Cf. Quadro 1.), de forma mais esquemática.

Quadro 1. Alguns dos sistemas classificatórios das drogas, função de diferentes fatores e segundo diferentes autores

Classificação em função de diferentes fatores	
Classificação quanto à:	**Denominação do grupo de substâncias**
Origem	• Naturais • Semissintéticas • Sintéticas
Estrutura química	• Específica para cada uma das muitas substâncias
Ação química e metabólica	• Específica para cada uma das muitas substâncias
Manifestações orgânicas	• Depressores do sistema nervoso central • Estimulantes do sistema nervoso central • Perturbadores do sistema nervoso central
Considerações sociológicas/jurídicas	• Legais • Ilegais
Manifestações psicomotoras	• Euphoria • Phantastica • Inebriantia • Hypnotica • Excitantia
Química, efeitos comportamentais e padrão de consumo	• Família da nicotina • Família do álcool e associados • Família dos opeácios • Família do cannabis/canabinoides • Família da cocaína e anfetaminas • Família da cafeína • Família dos alucinogenios

Efetivamente, muito do que se analisa e explora a respeito das drogas termina por assumir dimensões proporcionais à grande curiosidade e à extrema preocupação que elas têm despertado ao longo do tempo. Podemos facilmente supor que o tema foi e continua sendo alvo de muitos estudos sem nunca se esgotar. Então, como explicar a persistência e o alargamento imparável deste problema tão insistentemente estudado? Vejamos que possíveis explicações existirão para um fenômeno de tão elevados custos sociais.

Crime e Drogas

1.3. Toxicodependência – as possíveis explicações e alguns modelos e teorias

Não fará sentido prosseguirmos para as explicações da dependência de drogas sem antes definirmos com alguma clareza em que consiste tal dependência. De fato, nem todo o consumo de substâncias se apresenta problemático, apenas passando a se revelar como tal quando se instala um quadro de toxicodependência.

A toxicodependência integra a grande e complexa categoria dos comportamentos aditivos, sendo que estes últimos fazem parte de um novo, revolucionário e arrojado conceito (Rosenberg & Feder, 2014) que passou a integrar a nova edição proposta pela *American Psychiatric Association* (2013), como um diagnóstico que ultrapassa a dependência química para incluir as dependências comportamentais.

No que a dependência de substâncias diz respeito, devem ser recordados os critérios desde há muito definidos pela Organização Mundial de Saúde (1993), como sendo um quadro de abuso com instalação e desenvolvimento de um forte/compulsivo desejo para usar a substância, sendo notórias as grandes dificuldades para controlar essa tendência para o consumo que, quando reduzido ou suspenso, conduz à exteriorização de uma síndrome muito específica, designada de abstinência. Acrescenta aquela organização que, nesta situação de dependência, verifica-se muitas vezes a procura do uso da mesma ou de outra substância semelhante, numa tentativa para aliviar os sinais e sintomas da abstinência. São ainda evidentes os sinais de instalação da chamada tolerância, que se caracteriza pela necessidade de aumento das doses consumidas para alcançar os mesmos efeitos que antes se conseguiam com dosagens menores. É ainda notório que o dependente de drogas abandona progressivamente outros tipos de prazer ou interesses, privilegiando cada vez mais todas as ações relacionadas com a obtenção e o consumo da substância, num registro comportamental de persistência no uso da droga, apesar dos malefícios daí decorrentes, como as complicações médicas, as alterações do funcionamento psicológico e até as perturbações das funções cognitivas.

Sendo este o panorama com que se depara o dependente de drogas, como explicar que o mesmo tenha adotado uma conduta tão dominadora quanto perigosa? Várias têm sido as tentativas para explicar este fenômeno, sendo que as primeiras abordagens procuravam as causas diretas e, portanto, apontavam para um ou poucos fatores implicados. Se é certo que um comportamento dotado de tal complexidade não pode se explicar de forma linear, não será menos correto que essas primeiras abordagens deram um impulso muito significativo à senda que se percorreria ao longo das últimas décadas, para melhor se perceber a toxicodependência.

Seguiram-se outras visões interpretativas para tentar explicar a dependência de substâncias, algumas delas muito centradas na definição de estágios evolutivos que conduzissem o sujeito a uma tal situação. Aqui se procura, não tanto explicar, mas acompanhar o desenvolvimento da dependência. Significa isto procurar aquilo que viria a constituir uma outra abordagem ao problema: a focalização na necessidade de compreender de forma integrada, esse estranho comportamento. O que até aqui foi exposto pode ser apresentado de forma muito clara (Cf. Quadro 2.), usando a classificação definida por Becoña e Martín (2004).

Quadro 2. Classificação das abordagens teóricas ao fenômeno do consumo de drogas, de acordo com a proposta de Becoña e Martín

Toxicodependência e consumo de drogas – teorias e modelos explicativos		
Grupo de abordagens	Designação do Grupo	Descrição genérica das abordagens de cada grupo
I	Teorias parcelares e baseadas em poucos componentes	• A explicação centrada em um ou em poucos fatores que estivessem implicados na iniciação e prosseguimento dos consumos, até à instalação da dependência
II	Teorias de estágios evolutivos	• A aproximação ao processo de instalação e desenvolvimento da dependência mediante uma sequência de estágios ordenados e caracterizados, atendendo ou não ao processo de desenvolvimento individual
III	Teorias integrativas, compreensivas	• A abordagem sob uma perspectiva mais compreensiva, em que se procura abandonar a explicação positivista para se integrarem elementos apontados por diferentes teorias e modelos, tendo em vista captar o que estará subjacente ao processo, para melhor se compreender a conduta

1.3.1. O primeiro grupo de modelos e teorias – enfoque na explicação

Este primeiro grupo de modelos teóricos inclui os que se baseiam nos fatores biológicos, os que se focalizam nas perspectivas da aprendizagem, os que se apoiam nas causas intrapessoais de cunho essencialmente psicológico, os que são ancorados na família sob uma abordagem sistêmica, e os que partem da análise dos fatores de risco e de proteção implicados, entre outros (Becoña & Martín, 2004).

Trata-se de um conjunto de teorias que inclui diferentes abordagens que se centram em diversos fatores, muito embora se focalizando na explicação baseada em um ou em poucos elementos. Dentro destas, as de cariz biológico terão estado entre as primeiras a serem apresentadas, referindo a implicação de fatores, como o poder que as substâncias têm para ativar mecanismos biológicos, designadamente ao nível dos neurotransmissores (Wise & Bozarth, 1987), em que o forte desejo por drogas se apresenta como tendo uma base neurológica (Robinson & Barridge, 1993), e sustentando até, numa aproximação ao modelo médico, que a toxicodependência se manifesta como uma entidade nosológica, frequentemente vista como não tendo cura (Pillon & Luis, 2004). É de salientar que, sob esta perspectiva tão fatalista, dificilmente poderíamos admitir a corresponsabilização do sujeito pela situação em que se encontra.

Nestes modelos muito centrados nas questões biológicas, o que se procura é uma explicação baseada na existência de um quadro de transtorno biológico (Becoña & Martín, 2004), sendo esse o ponto de partida de muitas investigações, essencialmente desenvolvidas mediante uma planificação experimental. De fato, autores há que afirmam que tudo parece indicar que a toxicodependência possa ser uma patologia crônica, e que derivará da exposição cerebral aos efeitos produzidos pelas drogas (Tavares, Silva-Araújo, Lopes, Silva & Sousa, 2002). Ora, mas assim estaríamos num registro em que parece haver uma autoalimentação desta ideia. Na realidade, o que se pode verificar através da literatura, é que alguns apontam o componente biológico como possível origem da dependência química (Robinson & Barridge, 1993; Wise &

Bozarth, 1987), ao contrário de outros que, como bem referem Tavares, Silva-Araújo, Lopes, Silva & Sousa (2002), parecem apontar para a instalação do problema biológico, como consequência da dependência de drogas. Então, tudo parece indicar que, não sendo falsa nenhuma das ideias apresentadas, também nenhuma delas encerrará a explicação para um comportamento tão complexo. Por outro lado, tratando-se de uma patologia crônica, como e porque tentar a reabilitação do toxicodependente? Se é crônico, certamente, tais esforços serão infrutíferos! No entanto, não é isso que tem se constatado através dos programas de reabilitação.

Note-se que estes modelos, deste primeiro grupo, não se esgotam com a explicação a partir da presença de um quadro patológico. Na verdade, esta linha de teorias aponta ainda outras explicações que se prendem à bioquímica dos processos de toxicodependência, chegando mesmo a se postular que o uso de drogas poderia ter, por parte do toxicodependente, uma motivação terapêutica, num registo de automedicação para aliviar eventuais problemas sofridos pelo sujeito. Assim sendo, o indivíduo recorreria às substâncias para delas extrair os seus efeitos terapêuticos, procurando suspender a sua realidade, de que faria parte um "Eu" enfraquecido e perturbado. Então, a seleção da(s) droga(s) seria sempre realizada com o objetivo de procurar alívio para os males de quem a(s) consumisse, pelo que as substâncias tenderiam a ser percebidas como fonte de resolução de problemas (Farate, 2000). Não obstante, é importante ter presente que o dependente de drogas apenas procura consumir aquelas substâncias que, de uma forma ou de outra, proporcionam-lhe prazer (DuPont, 2005), não procurando fármacos com efeitos curativos/remediativos.

Ainda neste grupo de modelos, algumas das teorias propostas passam pela explicação de caráter genético, em que se procura a eventual presença de fatores de natureza hereditária, que possam ter potencializado a adoção de um comportamento capaz de conduzir à toxicodependência. Verifica-se, por exemplo e de acordo com Seibel e Toscano Jr. (2001), uma grande incidência de alcoolismo entre sujeitos com história familiar de abuso de álcool. Assim, e constatando-se a maior prevalência de problemas com álcool entre famílias com histórico de alcoolismo, tem havido um certo investimento em análises (e.g., Anda *et al.*, 2014) que tentem a avaliar as possíveis contribuições genética e ambiental para o desenvolvimento desse comportamento problemático.

Efetivamente, poderá haver alguma contribuição biológica para esses comportamentos, muito embora hoje se perceba que tal contributo nunca seria determinante. Por outro lado, o histórico familiar pode não apontar exclusivamente para a transmissão genética, uma vez que a transgeracionalidade pode decorrer da modelagem e do processo de socialização desencadeado na família de pertença do indivíduo. Uma vez aqui chegados, importa remeter para as teorias da aprendizagem, em que se verifica a mimetização de uma conduta que, entretanto, foi aprendida. Esta é uma outra vertente dos modelos baseados em poucos fatores, que procuram explicar este comportamento por via da aprendizagem. Contudo, e convém deixar claro, não se tratará apenas da mera reprodução de uma conduta observada.

De acordo com alguns autores (e.g., Hansenne, 2004), o sujeito observará a conduta de outros, que poderão pertencer ou não à sua família, ao grupo de pares ou a um outro grupo de pessoas com impacto significativo sobre o observador, que adquirirá informação suficiente para avaliar e, posteriormente, reproduzir a conduta. Note-se que não estamos perante uma mera réplica comportamental, já que, por parte do observador, é desenvolvida uma avaliação do comportamento e das suas consequências, antes da decisão de o adotar. Acresce ainda a necessidade de se considerar a importância do modelo observado, o que constitui um outro fator de influência na decisão do sujeito que, desta forma, também é afetado por fatores internos, embora estes sejam impactados por elementos externos. Assim sendo, poderemos, evidentemente, remeter também para as perspectivas sistêmicas, na medida em que a família enquanto sistema tratará de influenciar o funcionamento do sujeito que, sob essa influência, poderá vir a desenvolver um problema comportamental desta natureza.

É de todo conveniente salientar ainda que, no que se refere aos fatores intrapsíquicos, os mesmos são privilegiados por teorias que, sendo deste grupo, acabam por se voltar para variáveis psicológicas que estarão na origem do comportamento de dependência química. Não obstante, a verdade é que Kaplan (cit. In Becoña & Martín, 2004), por exemplo, apontou já para uma abordagem em que são integrados os fatores de natureza psicológica, em conjugação com outros elementos como a aprendizagem e, obviamente, a influência da família. De acordo com esta linha de pensamento, o sujeito procurará estatuto e apreço entre os que valorizam o comportamento desviante, já que na sociedade normativa (e por vezes no seio familiar) tal valorização não parece ser alcançada pelo indivíduo. Assim, o sujeito procurará reforços e admiração, através da manifestação de comportamentos desviantes, no seio de um grupo que os valorize, rejeitando os padrões normativos e convencionais (Becoña & Martín, 2004).

Ora, como ficou claro até aqui, tanto os elementos intrapsíquicos como os fatores externos terminam por ter impacto sobre o comportamento do sujeito e sobre a toxicodependência. Então, facilmente se perceberá que não há qualquer possibilidade de encontrar uma explicação baseada em um ou em poucos fatores, já que se constata a influência multifatorial que é exercida sobre um comportamento tão complexo. Além disso, também é facilmente antecipada a ideia de que a toxicodependência apenas poderá emergir mediante a passagem por um processo que, evidentemente, importará conhecer. Portanto, o segundo grupo de teorias procurou convergir para o desenvolvimento deste comportamento e nas suas consequências ao longo de diferentes estádios.

1.3.2. O segundo grupo de modelos e teorias – enfoque no (des)envolvimento

Trataremos de apresentar a seguir, ainda que sumariamente, este segundo grupo de teorias que, na verdade, entra em ruptura com o grupo anterior, deixando de se concentrar na explicação, para procurar a focalização no desenvolvimento da dependência química, através de um processo evolutivo e sequencial de estágios, fases ou etapas. Por via deste novo grupo de modelos, também se vislumbra o abandono da focalização exclusiva em alguns/poucos fatores, para se passar a atender a um processo cujas etapas sofrerão influências de diversos fatores e terão implicações certamente diferentes.

Neste regime tendencialmente multifatorial ou multicausal, evitam-se alguns dos pontos contraproducentes da abordagem anterior que, segundo Teixeira (1993), levaria à dispersão e à criação de conceitualizações apoiadas em perspectivas unilaterais e unifatoriais, originando interpretações duvidosas e análises metodologicamente questionáveis a respeito de um fenômeno cuja complexidade é inegável.

Sob este ponto de vista, estamos perante uma visão que foca a definição de estágios, fases ou etapas que vão se processando evolutivamente, ao longo do percurso do sujeito e, dessa forma, atravessando diferentes fases do seu desenvolvimento nas quais se vão operando mudanças ilustradoras de como o indivíduo se envolve nas drogas. Esta vertente interpretativa do fenômeno, aliás, vem produzindo algumas conceitualizações interessantes e que se apresentam com explicações que, muito embora parcelares, fazem sentido. É o caso do Modelo de Kandel, que emergiu de uma série de análises e observações que acabaram por concluir pela ocorrência sequencial de, pelo menos, quatro fases distintas.

Assim, e de acordo com o autor, a primeira seria uma fase de consumo essencialmente de cerveja e vinho, enquanto substâncias de fácil acesso. Esta seria a etapa transitória entre a ausência de uso de drogas e a iniciação do sujeito nesses consumos. Posteriormente, e ainda de acordo com o autor, esta primeira etapa evoluiria no sentido de se instalarem outros consumos de bebidas alcoólicas progressivamente mais fortes. Poder-se-á interpretar que esta etapa como facilitadora da abertura do indivíduo a outros tipos de consumo que, em fases posteriores, viriam a revelar, por exemplo, no uso de marijuana, (Botvin, 1996).

Então, o consumo de álcool e de tabaco progrediria depois para o consumo de marijuana e, em alguns indivíduos, haveria ainda uma transição para o consumo de estimulantes, opiáceos, alucinógenos e outras substâncias. Esta progressão corresponderia, então, à prevalência e disponibilidade de certas substâncias. O álcool, naturalmente, seria a droga mais frequentemente consumida, até porque também é mais acessível, seguindo-se o tabaco e a marijuana e, em estágios mais adiantados, passaria ao consumo de drogas como heroína, cocaína e outras substâncias ilegais e de acesso menos facilitado (Botvin, 1996).

Contudo, deve-se salientar que Kandel (1975) nunca considerou este tipo de comportamento classificável como um processo anormal. Muito pelo contrário, tais condutas seriam decorrentes de processos sociais que integram o desenvolvimento do sujeito. Em suma, Kendal (1975) defendeu que o consumo de substâncias legais é sempre antecedente ao de drogas ilícitas, e que tais comportamentos são geralmente acompanhados de atividades delituosas, quase sempre no contexto do grupo de pares. Kandel (1975) desenvolveu diversos estudos em que terminou por traçar um padrão que permitiu dar apoio empírico ao seu modelo teórico (Farate, 2000).

Nessa altura, não poderia deixar de ser referida a ideia de Kandel acerca da evolução por estágios, que seria concretizada através do desenvolvimento de comportamentos e da aquisição de valores, enquanto processo determinado pelas relações sociais mantidas pelo sujeito, sobre o qual haveria uma influência das interações por ele estabelecidas, ao longo do seu processo de socialização. Assim sendo, o consumo de drogas estaria entre os comportamentos resultantes de uma complementar interação entre as características individuais e as diversas fontes de influência, com origem em grupos sociais distintos. As figuras parentais, como não poderia deixar de ser, além do grupo de pares, teriam então um impacto muito significativo nas condutas do indivíduo (Andrews, Tidesley, Hops, Duncan & Severson, 2003).

Na sequência do que acaba de ser apontado, importa destacar que Kendal (1975), numa linha de pensamento que mesmo entre as mais recentes abordagens tem sido considerada e inspirado novas leituras (Kandel & Kandel, 2014), referiu a complementaridade entre aspectos de matriz individual e outros estreitamente ligados aos processos de aprendizagem social. Efetivamente, para Kandel, o processo de instalação e desenvolvimento do consumo e da dependência de substâncias segue um percurso em que os fatores sociais têm um papel preponderante no qual se pode identificar um padrão em diferentes idades e para ambos os sexos (Becoña & Martín, 2004).

Uma outra perspectiva, bastante diferente, mas também assente na ideia de evolução por estágios, em direta relação com o processo de socialização do indivíduo, é decorrente dos estudos realizados por Oetting, Donnermeyer e Deffenbache (1998). Refere-se, aqui, à *Teoria de Socialização Primária*, que partiu da ideia básica de que a conduta dos sujeitos tem um componente biológico, também resultante de aprendizagens e afetada por elementos adquiridos ao longo do desenvolvimento do sujeito.

Assim sendo, e ainda de acordo com os mesmos autores, os comportamentos como o consumo de drogas não seriam mais do que condutas adquiridas por via da aprendizagem, e o desvio resultaria da ruptura relativamente ao quadro referencial normativo. Segundo Oetting e Donnermeyer (1998), e de acordo com esta abordagem, os comportamentos, tanto os normativos, quanto os desviantes, seriam aprendidos ativamente ao longo do processo de socialização. Daqui se pode depreender que esta perspectiva se organiza através da aquisição de normas, em que a família se revela elemento crucial de socialização primária. Ainda de acordo com esta abordagem, a escola constitui outro fator de primordial importância, integrando o grupo dos meios que mais afetam o sujeito no seu desenvolvimento. Em terceiro lugar, e de acordo com os autores, apresenta-se o grupo de pares como fonte de socialização não menos importante que as anteriores.

Assim, de acordo com a teoria, os vínculos entre a criança, a família e a escola deverão ser estáveis e sólidos para que se verifique o desenvolvimento harmonioso e capaz de adotar comportamentos normativos. Se, pelo contrário, tais vínculos forem frágeis e inconsistentes, predominará a tendência para o desenvolvimento processual, portanto por fases, de um impacto proveniente do grupo de pares que, tendo um registro de funcionamento desviante, afetará o indivíduo também nesse sentido (Oetting, Donnermeyer e Deffenbacher, 1998).

Os autores não esqueceram o componente individual e consideraram também os fatores pessoais. Referiram, então, os traços físicos, emocionais e sociais, como elementos influentes no comportamento, uma vez que possuem o poder de atuar como fatores de risco ou de proteção. Entretanto, esses fatores de caráter individual não teriam um impacto tão direto quanto os anteriores, relativamente aos comportamentos a serem adotados pelo sujeito. (Oetting, Deffenbacher e Donnermeyer, 1998). Dessa maneira, haveria uma associação entre a socialização primária e o consumo de substâncias, que poderia afetar os comportamentos através de duas vias: a dependência de substâncias poderia emergir como resultante da socialização; ou essa conduta poderia resultar de um estilo de vida específico. Ainda assim, haveria um processo evolutivo que atravessaria etapas díspares (Oetting, Deffenbacher e Donnermeyer, 1998).

Atendendo a fases posteriores que se manifestariam sob a influência de fontes de socialização secundária, seria de levar em consideração a família ampliada, a religião, os pares em geral, os meios de comunicação social, as características da comunidade e outros elementos como aqueles ligados ao espaço físico, à área geográfica, ao maior ou menor nível de urbanização, à densidade populacional, à mobilidade da população, às características sociodemográficas, às oportunidades oferecidas e a muitos outros aspectos que se relacionam com o maior ou menor risco para o jovem e que constituem fontes de socialização secundária (Oetting, Donnermeyer & Deffenbacher, 1998). Para explicitar os elementos que compõem cada um dos modelos apresentados, e numa tentativa de formular um esquema mais fácil de visualizar, recomenda-se ver o quadro que segue:

Quadro 3. Síntese esquemática dos modelos e teorias com enfoque no desenvolvimento por estágios

As etapas propostas por Kandel		A socialização de Oetting e col.
Etapa	**Descrição**	**Fontes de Socialização**
I	Sem consumos	Fatores de socialização primária:
II	Iniciação – Cerveja e vinho	• Família, Escola, Pares
III	Tabaco, bebidas de alta graduação	Fatores de socialização secundária:
IV	Marijuana	• Família alargada, Comunidade, Religião, Meios de comunicação social
V	Drogas ilícitas	Características pessoais: • Traços de personalidade, traços físicos, emocionais e pessoais

Crime e Drogas

Pode-se facilmente observar que, se por um lado, os fatores de socialização primária e secundária afetam as fases ou estágios de envolvimento nas drogas, por outro, esses comportamentos de envolvimento com drogas irão influenciar na forma como o sujeito percebe a realidade e prossegue nas suas interações e, portanto, no seu processo de socialização.

Note-se que este último modelo, de Oetting e colaboradores, começa a apresentar um desenvolvimento do comportamento, através de estágios, ao longo do processo de socialização, mas com integração de múltiplos fatores que, de forma complementar e articulada, afetam o sujeito. Neste contexto, ingressamos no caminho que conduziu às abordagens integradoras e compreensivas, conforme passamos a expor em seguida.

1.3.3. O terceiro grupo de modelos e teorias – enfoque na compreensão integrada

Como se pode perceber facilmente pela designação acima, este grupo de modelos teóricos tende a buscar uma integração de múltiplos fatores implicados e de diversos elementos apontados por variadas abordagens teóricas, num esforço de melhor se compreender o fenômeno através de uma análise tão completa quanto possível (Schenker & Minayo, 2004).

Poder-se-iam referir diferentes modelos que procuram expor as bases teóricas deste fenômeno através deste tipo de abordagem. Assim, apontaríamos o *Modelo de Promoção da Saúde* proposto pela Organização Mundial de Saúde, a *Teoria Interaccional* proposta pela primeira vez em 1987 e ainda em desenvolvimento e análise (Thornberry, 2014), o *Modelo da Conduta Problemática* (Jessor, 1991), entre outros cuja apresentação escapa aos nossos propósitos.

Por isso, procurar-se-á apresentar um dos modelos que, sem sombra de dúvidas, é considerado um dos mais completos, atendendo ao ser humano sob uma perspectiva holística, em que as dimensões social, biológica, psicológica e cultural não são esquecidas nem negligenciadas, mas integradas. O autor deste modelo procurou combinar essas múltiplas facetas para construir uma visão compreensiva do processo de instalação e desenvolvimento da dependência de drogas.

Trata-se do *Modelo Compreensivo e Sequencial das Fases para o Consumo de Drogas na Adolescência*, concebido por Becoña (2002). Cuida-se de um modelo que apresenta o processo evolutivo deste comportamento através de fases sequenciais, mas que, pela marcada integração de múltiplos fatores que apresenta, não é um modelo com enfoque no desenvolvimento de estágios, mas sim uma abordagem com ênfase na compreensão integrada. As distintas etapas exploradas nesta abordagem implicam uma perspectiva em que se relacionam a evolução física, psicológica e social do indivíduo, a par de uma multiplicidade de elementos influentes nas suas decisões. Assim, as etapas que integram este processo são as seguintes (Becoña, 2002): i) prévia ou de predisposição, ii) de conhecimento, iii) de experimentação e início no consumo, iv) de consolidação, v) de abandono ou manutenção, vi) e de recaída. Vejam-se essas etapas sucintamente estruturadas no quadro 4.

Quadro 4. Síntese esquemática das fases apresentadas por
Becoña na instalação do consumo de drogas

As fases atravessadas por fatores diversos em regime de integração		
Fase	Designação	Breve descrição
I	Prévia ou de Predisposição	Fatores predisponentes de diferente natureza, de que fazem parte aspectos socioculturais, biológicos e psicológicos
II	Conhecimento	Conhecimento e contato com a substância, função da disponibilidade da mesma, através de outros indivíduos, na escola, pelos meios de comunicação social, etc.
III	Experimentação Início de Consumo	Presença/Ausência de fatores de risco e de proteção como elementos que interativamente afetam o indivíduo
IV	Consolidação	Passagem do uso ao abuso e à dependência de drogas, e o elemento fundamental para a manutenção é o conjunto de consequências
V	Manutenção ou Abandono ⇩	O comportamento de consumo será mantido ou abandonado em função das consequências e da percepção que o sujeito tem delas
VI	Recaída	O consumo de drogas como comportamento aprendido e de difícil extinção, em que a recaída faz parte integrante do processo de abandono

Crime e Drogas

De forma mais completa, estas fases são apresentadas por Becoña. Na primeira, conjuga-se a possível predisposição para as drogas, em diversas vertentes. A predisposição sociocultural, por exemplo, em que as crenças, os valores, as expectativas e os comportamentos são ditados por uma ligação a sentimentos de pertença relativamente a um determinado grupo social. Em termos biológicos, a predisposição será, certamente, de ordem genética e, a estes aspectos, junta-se a predisposição psicológica, mediante características individuais e de caráter psicológico que afetam o indivíduo nos seus comportamentos (Becoña, 2002).

No que se refere à segunda fase, *do Conhecimento*, ela acontecesse quase sempre na adolescência, em que interagem elementos muito importantes, como o ambiente, as aprendizagens, as expectativas criadas, o processo de socialização e até as crenças do jovem relativamente ao futuro. Evidentemente, aqui entram os fatores de risco e de proteção que, na fase seguinte, impactam nas condutas do jovem adolescente. Tais fatores, tanto os de risco, quanto os de proteção, podem ser associados à constituição física do sujeito, aos elementos de ordem familiar, de natureza emocional e interpessoal, de temperamento e aos associados a características intrapsíquicas, e até circunstanciais (Becoña, 2002).

No que diz respeito à fase *de Consolidação*, as consequências das experiências de consumo podem ou não encorajar a consolidação desses comportamentos. Efetivamente, e de acordo com o autor deste modelo compreensivo, tais consequências terão grande importância na parada ou continuidade dos consumos, sendo que a sua manutenção poderá conduzir ao estado de toxicodependência. Nesta etapa deve-se considerar ainda o estado emocional do sujeito como elemento que poderá jogar um importante papel nas decisões do mesmo.

Ainda segundo Becoña (2002), o modelo apresenta a fase *de Abandono ou Manutenção*, em função das consequências dos consumos e das percepções que o indivíduo tem de tais consequências. Evidentemente, há o impacto de elementos externos ao sujeito como a pressão dos pares, da família e de outros significativos. No caso de se verificar o abandono, pode e deve-se ter em consideração a fortíssima possibilidade de recaída, já que este é um comportamento muito difícil de extinguir. De fato, uma vez instalada e desenvolvida a dependência de substância(s), o processo de abandono é, geralmente, pautado por sucessivas recaídas.

Para além deste modelo, o fenômeno do consumo problemático de drogas é apresentado sob outras diferentes perspectivas que, de alguma forma, tendem a levar à compreensão do que se passa subjacentemente a um tal comportamento. Não sendo possível expor aqui o muito que se tem estudado e conceitualizado a respeito desta conduta, é possível expor alguns dos estudos mundialmente mais importantes.

Saliente-se ainda que o modelo de Becoña acaba por ser muito atual, sendo a base de um dos programas de prevenção atualmente implementado na Espanha (Becoña, 2002), no âmbito das toxicodependências. A análise multidimensional e integradora apresentada por Becoña pode ser sinteticamente apresentada através do quadro seguinte.

Quadro 5. Síntese esquemática dos fatores implicados na instalação do comportamento de dependência de drogas, segundo Becoña

Crime e Drogas

Como se pode ver através do quadro apresentado, trata-se de um modelo que integra uma grande multiplicidade de fatores e considera a variedade de consequências e de evolução da situação.

1.4. Algumas análises internacionais sobre a toxicodependência

As análises a respeito do que poderá estar subjacente à toxicodependência não podem ser consideradas recentes, além do que são muitas, devido ao interesse e à curiosidade pelo tema. De fato, há algumas décadas se desenvolvem estudos para explicar esse tipo de comportamento (e.g., Hill, Haertzen, & Glaser, 1960; Leshner, 1997; Wise & Bozarth, 1987), sendo igualmente verdadeiro que o tema não se esgotou, mas as investigações sobre a problemática prosseguem (e.g., Kendler, Ohlsson, Sundquist, & Sundquist, 2015).

Alguns estudos têm procurado as bases neurológicas da conduta ligada à droga, como a investigação de Kalivas e Volkow (2005) que concluiu em favor da existência de adaptações celulares em nível do córtex pré-frontal, algo que estaria de alguma forma associado com a compulsão para o consumo de drogas.

Numa vertente que aposta essencialmente em análises voltadas para os motivos neurológicos, há ainda estudos que procuram averiguar o papel de determinados subsistemas e estruturas do sistema nervoso no desenvolvimento dessa compulsão para o consumo de drogas. Algumas dessas pesquisas se dirigem para a possível influência da amígdala (Padula, McQueeny, Lisdahl, Price, & Tapert, 2015), enquanto outras se focalizam nos neurocircuitos compensatórios para explicar as fases desenvolvimentais mais vulneráveis à emergência da dependência de substâncias (Chambers, Taylor, & Potenza, 2003).

Sob uma perspectiva mais sociológica, quando não sistêmica, certas análises continuam a procurar o sistema familiar como possuidor de fatores associados ao fenômeno, bem como os elementos relacionados com os pares e com o meio envolvente (Moss, Lynch, Hardie, & Baron, 2002). Há ainda outros estudos que se concentram em variáveis individuais, como a personalidade (Belcher, Volkow, Moeller, & Ferré, 2014) ou outras características que possam estar implicadas no problema ou que possam ser trabalhadas na intervenção e na reabilitação desta população (Sayago, Lucena-Santos, Horta, & Oliveira, 2014).

Em suma, pode-se afirmar com segurança que muito já foi descoberto acerca do tema. Entretanto, outro tanto ainda há por saber, e principalmente por fazer, razões pelas quais os estudos prosseguem. As análises que se desenvolveram mais nas últimas décadas estão muito voltadas para uma faceta específica desta população, e que se associa à ligação droga-crime. Por isso, faz sentido que se apresente uma breve contextualização do crime e da forma como o mesmo, assumindo contornos violentos ou não, pode vir associado com o uso problemático de drogas.

Nota final

Os estudos a respeito deste tema não cessam, a curiosidade não para de aumentar e, lamentavelmente, as novas configurações do fenômeno não deixam de ser, cada vez mais, tão surpreendentes quanto perigosas.

Este capítulo levanta apenas algumas das facetas do comportamento adicto a drogas, tão antigo quanto a humanidade, tão complexo quanto danoso. O que até aqui apresentamos, e a forma como tais tópicos podem ser associados, está resumido através do quadro seguinte, no qual pretendemos passar uma ideia breve e esquemática dos conteúdos abordados.

Quadro 6. Síntese esquemática do capítulo

	CLASSIFICAÇÃO DAS DROGAS vs. TIPOLOGIA DE CONSUMOS
HISTÓRIA DAS DROGAS (da Antiguidade à Atualidade)	

Teorias e Modelos Explicativos – Evolução entre 3 Tipos	
Teorias Parcelares e Baseadas em um ou poucos Fatores	A focalização na explicação, a busca de relações causais com origem em um ou em poucos elementos
Teorias Baseadas na Definição de Estágios de Desenvolvimento	A focalização no desenvolvimento do sujeito e no (des)envolvimento do comportamento de dependência de drogas
Teorias Integradoras e Baseadas na Compreensão do Fenômeno	A focalização no processo de instalação do problema, com valorização das multidimensionalidade e complexidade do comportamento problemático
Os Estudos	
Passado, presente e futuro – a ponte entre drogas e crime	

Capítulo II – O crime: contextualização teórica e conceitual

Sinopse do capítulo

Este livro iniciou, no seu capítulo I, com a definição e a classificação das drogas para, depois, passar às diferentes abordagens e tentativas para explicar o consumo problemático dessas substâncias. A propósito das drogas, e na sequência da sua breve apresentação, foi feita alusão à associação indubitável estre aquelas e um outro fenômeno – o crime.

Na verdade, crime e drogas têm sido investigados como estando associados pelo que, sendo esse o tema central deste livro, faz sentido passar agora para uma breve apresentação do crime, da sua definição, da sua história e das abordagens que procuram explicá-lo. Estes tópicos serão abordados neste segundo capítulo, em que se tentará expor os principais aspectos ligados ao crime, ao seu estudo, à complexidade do comportamento criminoso e, finalmente, à sua ligação com fenômenos que gravitam em torno do consumo de drogas.

2.1. Enquadramento teórico do crime

> "... a sociedade insiste, desnecessariamente, em enfrentar de maneira errada os dois monstruosos problemas, gêmeos: de como tratar o crime e de como tratar os criminosos"
> (Chessman, s/d).

Efetivamente, era esta a opinião de Chessman que, condenado à morte por câmara de gás em San Quentin, nos Estados Unidos da América, na primeira metade do século XX, escrevia assim a respeito do crime e do comportamento criminoso quando, na sua cela, em pleno corredor da morte, dedicou-se ao último dos seus três livros. Na verdade, permanece essa confusa forma de olhar para o crime e para as condutas de quem o pratica, para o ato criminoso e para o indivíduo que o realiza. Por isso, este capítulo é fundamental, para que posteriormente se possam associar os comportamentos criminosos aos do abuso de drogas.

Em primeiro lugar, importa deixar claro que, ao longo de décadas, a História se dedicou à análise do crime e, de uma outra forma, a Criminologia reconheceu a importância do estudo da sua história. Assim, facilmente se percebe a importância destas duas disciplinas, sendo distintas, apresentarem pontos de convergência, nomeadamente na importância dada à História do crime e da própria Criminologia. Por isso, é fundamental definir que, primeiramente, História do Crime e Criminologia são domínios diferentes. A Criminologia excede a História do Crime e a sua própria contextualização histórica, sendo, afinal e de acordo com Sutherland e Cressey, o corpo de conhecimentos que observa o crime sob a perspectiva do fenômeno social que integra os processos de construção e violação das leis, e as resposta/reações relativamente à não obediência a tais leis (Godfrey, Lawrence, & Williams, 2008). Pode-se afirmar que a Criminologia consiste na abordagem científica que estuda o comportamento criminoso (Siegel, 2012), o que remete para outros conceitos estreitamente associados a esta ciência e que, evidentemente, importa clarificar.

Entre os diferentes conceitos que são foco de interesse para quem estuda Criminologia, o crime é, certamente, um dos mais importantes, pelo que dedicaremos algumas linhas à sua definição. O crime, enquanto ação de um conjunto que integra as condutas antissociais que violam as leis estabelecidas num determinado âmbito, e tendo a prévia definição de uma pena a atribuir a quem o executa, deve ser socialmente contextualizado (Born, 2005). Isto porque, na verdade, o crime, visto por um lado, constitui um fenômeno social tão natural e inevitável como qualquer outro (Vogt, 1993), estando estreitamente associado com fatores como a cultura, a educação, o meio social, as questões econômicas, e outras variáveis que afetam a sua definição (García-Pablos, 1988). Sob um ponto de vista político, o que é definido como crime reflete a necessidade de proteger e manter a ordem e o poder estabelecidos. De acordo com Siegel (2008), a abordagem ao crime implica que mesmo os atos que envolvem ações violentas proibidas, como a violação, o roubo e o homicídio, por exemplo, podem se apresentar politicamente matizados.

Os elementos centrais que determinam o crime constam de dano produzido/provocado, consenso/acordo social, e respostas sociais oficiais. O dano deve ser analisado em termos das suas natureza, severidade e extensão, bem como do tipo de vítima que foi alvo de tal prejuízo. O consenso remete para a dimensão do acordo social relativamente ao que se considera ter sido danoso para a vítima. As respostas sociais oficiais apontam para a existência de um sistema que especifique as condições e as consequências a aplicar ao dano definido como crime. Portanto, o crime não é um conceito unitário ou unidimensional, apresentando uma história de discordantes e controversas definições, dada a complexidade de que se reveste (Henry, 2006).

Do ponto de vista jurídico, o crime constitui um fato típico, isto é, necessita estar previamente classificado como tal na lei penal, atendendo, assim, ao princípio da anterioridade da descrição da conduta punível. Em outros termos, o crime é um fato social, previamente selecionado pelo legislador penal em virtude da gravidade com que a ação ou omissão criminosa lesa a sociedade representada por bens juridicamente protegidos, no caso, penalmente tutelados.

O crime é, assim, um fenômeno social que, como qualquer outro, sofre alterações em função dos tempos, dos valores socialmente defendidos, das tendências políticas e das condições econômicas existentes (Cassel, & Bernstein, 2007), cuja ocorrência acaba por estar impregnada de influência das mais variadas origens, como culturais, educacionais e sociais (García-Pablos, 1988), muito embora, sob a perspectiva jurídico legal, deva constituir uma conduta que viola as leis de forma a ser sancionada através da aplicação de uma pena prevista pelas instância de controle social formal (Coleman, & Norris, 2000), sempre sob a lupa da contextualização social e circunstancial desse comportamento que, evidentemente, não pode nem deve ser analisado de forma isolada. Sendo um comportamento humano, o crime revela uma grande complexidade e, sendo também afetado por fatores individuais, não pode ser reduzido à abordagem sociológica, mas, simultaneamente, também não deve se circunscrever apenas ao ponto de vista psicológico, já que, de acordo com vários autores (e.g., Peelo, & Soothill, 2005), não é necessariamente o reflexo de uma espécie de psicopatologia ou aberração. Em função da natureza falível e em permanente atualização e aperfeiçoamento da observação sistemática e controlada, a Criminologia, a prevenção criminal e o seu tratamento, estão relacionados com as aproximações dos fenômenos observáveis e das variáveis analisadas em díspares momentos (Tieghi 2004, cit. In Tieghi, no prelo).

Assim, o crime é referido como comportamento que causa dano através da violação das leis, sendo sancionado por penas previamente estabelecidas. Nesse contexto, não se pode esquecer, então, que é importante que nos voltemos para a vítima que sofreu esse dano. Portanto, a Criminologia não deve se limitar exclusivamente ao estudo do comportamento criminoso e do ato pelo qual a conduta se exteriorizou, até porque, não raras vezes, a vítima pode se tornar um ofensor e o agressor se converter em vítima, em diferentes circunstâncias e em díspares momentos da vida. A esse propósito não deve ser esquecido que García-Pablos (1988) definiu a Criminologia como a ciência empírica e interdisciplinar que se ocupa do estudo do crime, do criminoso, do controle social, da conduta desviante e, note-se, da vítima.

Evidentemente, o interesse da Criminologia pela vítima é algo que se apresentou muito recentemente como sendo importante para este domínio científico. Podemos dizer que a vítima foi e ainda é a personagem historicamente mais esquecida no cenário do crime. O direito penal é do agente; o direito processual penal é do réu. É fato que o interesse pela vítima apenas começou a se desenvolver a partir da segunda Guerra Mundial pois, paradoxalmente, até aí a Criminologia apenas se debruçava atentamente sobre o criminoso, não dedicando qualquer atenção à vítima (García-Pablos, 1988). Assim, e atendendo ao que acaba de ser mencionado, teremos o cuidado de ir apresentando algumas reflexões a respeito do ponto de vista das vítimas.

2.2. Modelos explicativos do fenômeno criminal

Acabamos de apresentar a multidimensionalidade do crime enquanto comportamento complexo que demanda contextualização social, cultural, econômica, educacional, histórica, circunstancial e, saliente-se, biográfica, já que de acordo com diversas fontes (e.g., Goodey, 2000; Nunes, 2011; Ross, 2008), a análise ao crime implica a avaliação do ofensor com contextualização biográfica dos resultados obtidos. Assim, e na sequência do que foi referido, impõe-se a relativização das múltiplas abordagens que pretendem explicar o fenômeno, sob distintos domínios, diferentes pontos de vista e, porque não dizer, com enfoque sobre o criminoso, sobre a vítima, e sobre todos os elementos intervenientes.

Genericamente, podem ser apontadas quatro grandes correntes de modelos e teorias criminológicas: i) as perspectivas biológicas, ii) as perspectivas sociológicas, iii) as perspectivas psicológicas e 4) as perspectivas integradoras sobre o crime (Cf. Quadro 6.).

Quadro 7. Perspectivas teóricas do crime

	Perspectivas	Breve descrição
2.2.1.	Biológicas	• A focalização no determinismo anatomofisiológico; as características biológicas no centro das atenções como fatores criminógenos.
2.2.2.	Sociológicas	• Num registro determinista, o foco central se volta para a vertente sociocultural como fonte de explicação para o crime.
2.2.3.	Psicológicas	• A atenção voltada para os fatores individuais, de caráter psicológico, como busca de uma alternativa às abordagens biológicas, entretanto questionadas, e às sociológicas, que apresentam explicações parcelares do fenômeno.
2.2.4.	Integradoras	• A emergência de uma visão holística e de conjunto que procura a conciliação dos diferentes fatores que podem, conjuntamente, estar na base da explicação para o comportamento criminoso.

2.2.1. Modelos explicativos biológicos

Inicialmente, a Criminologia revelou-se como uma ciência do criminoso, não se dedicando ao crime, mas à procura dos perfis de características que, eventualmente, possibilitassem a diferenciação entre os que cometiam crimes e as pessoas outras da sociedade em geral. Era, portanto, um domínio que se dedicava mais ao indivíduo e às suas características, e não tanto à ação criminosa e à sua contextualização. Dessa forma, a Criminologia foi definindo padrões que, enquanto constelações de características, conduziam à tipificação do criminoso como portador de determinados sinais exteriores (denominados morfobiológicos). De fato, tais sinais passariam por elementos como algumas especificidades anatômicas (Robert, 2007).

Esse modelo tem seu registro numa vertente de pensamento em que se valorizavam esses sinais exteriores que denunciavam determinadas características biológicas que seriam típicas do criminoso. Face a esta visão determinista e essencialmente ancorada na biologia, ergueram-se críticas diversas que, no entanto, não foram impeditivas da generalização dessas ideias e da sua propagação de forma que, ainda atualmente, se desenvolvam muitos estudos centrados nos fatores biológicos do criminoso, embora hoje essas investigações se tenham libertado do determinismo anterior exacerbado, para adotarem uma posição de ponderada relativização da influência de tais características nos comportamentos dos indivíduos (Dias & Andrade, 1997). Da mesma forma, essa vertente clássica evoluiu para novos paradigmas, ainda que dentro do mesmo estatuto biológico, porém com versões contemporâneas expressas pela genético-criminologia e pela linha dos estudos dos neurotransmissores pela moderna endocriminologia.

Nos estudos que envolvem a análise a variáveis de natureza biológica são atualmente incluídos outros fatores, como os de caráter psicossocial, como elementos também implicados na conduta criminosa (Gao, Raine, Venables, Dawson & Mednick, 2010).

Diversas análises centradas em fatores biológicos têm procurado averiguar a influência genética sobre o possível desenvolvimento de comportamentos agressivos, antissociais (Schug *et al.*, 2010) ou até mesmo delituosos. Ainda assim, é fundamental que se deixe bem claro que nenhuma dessas investigações conclui em favor da determinância do genoma sobre o comportamento humano. O que tais análises defendem é que, entre outros elementos, a genética tem impacto na instalação e no desenvolvimento de certos registos comportamentais, como o criminoso (Born, 2005).

Assim, como é hoje sabido, há estudos comparativos entre gêmeos (Tehrani & Mednick, 2002), e entre indivíduos adotados (Mednick, Gabrielli & Hutchings, 1984), relacionados com a presença/ausência de anomalias cromossômicas (Leggett, Jacobs, Nation, Scerif & Bishop, 2010), centrados na procura de evidências refletidas em diferenças no nível dos registros eletroencefalográficos (Raine, Brennan, Mednick & Mednick, 1996), associados à presença/ausência de disfunções ou défices cerebrais (León-Carrión & Chacartegui, 2003) e, como se verá mais adiante, outros tantos elementos que têm sido alvo de análise neste domínio.

2.2.2. Modelos explicativos sociológicos

As perspectivas sociológicas do crime emergiram numa altura em que prevaleciam as abordagens biológicas, bem como uma vertente de cunho psiquiátrico (Robert, 2007). Nesta visão sociológica, e sob o ponto de vista da designada *Escola Sociológica Crítica,* o delito foi identificado como tendo origem na estrutura socioeconômica capitalista, num registro de luta entre classes. De um outro ponto de vista, a *Escola do Meio Social* centrava-se em aspectos socioculturais, alegando que o criminoso carecia de um meio culturalmente propício à exteriorização de condutas. A imitação como meio de aprender e reproduzir os comportamentos delituosos seria a via pela qual, segundo a *Escola da Interpsicologia,* aconteceriam as interações que conduziriam a uma ação social sobre a personalidade designada como "delinquente" (Agra & Matos, 1997).

Sob a lupa da Sociologia, estas e outras análises ao fenômeno criminal referem a associação entre a natureza criminosa do comportamento do indivíduo e as definições atribuídas pelo coletivo social, pouco ou quase nada considerando acerca das características intrínsecas individuais (Giddens, 1972). De acordo com Merton (1938, cit., in Bernburg, 2002), é à sociedade que se deveria atribuir o encorajamento dos indivíduos no sentido da adoção de comportamentos puníveis por lei, dada a forma como aquela se encontra estruturada e organizada, com base em imagens de sucesso sedimentadas na ambição e na forte competitividade, sem que, por outro lado, existam oportunidades iguais para alcançar tal sucesso socioculturalmente valorizado. Em outros termos, se as metas são iguais para todos, isto é, são igualitariamente distribuídas, os meios, ao contrário, são sempre e cada vez mais escassos. Estavam, então, criadas as condições para que se instalasse uma sensação de gap contraditório entre o valorizado pela sociedade e as oportunidades para que todos alcançassem tal situação (Merton, 1999). Assim, uma vez instalada esta noção de antagonismo entre o desejável e o almejável, o sujeito tenderia a procurar o sucesso por vias alternativas e à margem da sociedade normativa (Guenther, 1976). Sem dúvida, o crime e a droga representariam uma maneira artificial de suprir as faltas, isto é, as diferenças entre metas e meios.

Aliás, e sob o ponto de vista sociológico, tais oportunidades de sucesso eram desde muito cedo limitadas a alguns, já que as próprias escolas ofereceriam dificuldades aos que, sendo provenientes de classes socioeconômicas mais baixas, não reuniam condições para alcançar os mesmos resultados que as crianças de classe média/alta, para as quais as escolas pareciam estar desenhadas. Portanto, haveria uma franca desvantagem, sentida desde tenra idade, daqueles provenientes de classes menos favorecidas. Assim sendo, estariam criadas as condições que favoreceriam o desenvolvimento de subculturas desviantes, a que adeririam os mais desfavorecidos, e que funcionariam num registro de desorganização social. As subculturas de retirada ou de evasão pela droga e a subcultura da violência seriam as expressões do débito entre metas e meios. Outro elemento a considerar seria o das oportunidades de práticas ilegais mais presentes e disponíveis na vizinhança dos meios habitados por indivíduos de classe socioeconômica baixa. Haveria, também, a pressão social exercida através das interações estabelecidas por tais sujeitos que, assim, adeririam a uma subcultura em cujo seio adotariam comportamentos delituosos que aí eram valorizados (Agnew, 1999).

Outros pontos de vista, sempre ancorados na vertente sociológica, foram desenvolvidos, sendo de ressaltar as modernas perspectivas do desvio, que apontam um novo caminho, no sentido da libertação de um certo determinismo social que, até então, parecia se impor nas abordagens de pendor sociológico. Entre esses modelos conceituais que se inscrevem nas modernas perspectivas do desvio, podemos referir as *Teorias da Rotulação* enfocadas no comportamento humano como sendo, de acordo com Goffman (2003), muito próximo do adotado por um ator que, uma vez em cena, desempenharia um determinado papel que lhe teria sido atribuído pelos outros. A esse fenômeno denominado também desinência, a condição de ser o sujeito designado pelo outro. Então, em termos sociais, cada um teria um papel, socialmente atribuído e, portanto, esperado. Cada indivíduo, enquanto ator social, desempenharia o papel que lhe fosse destinado, vale dizer atribuído, aproximando o sujeito de um determinado estatuto ou papel. De modo oposto, a não adoção de um comportamento convergente com o papel que lhe tivesse sido atribuído levaria o sujeito a uma situação em que estaria exposto a processos de estigmatização, através de processos de rotulagem ou rotulação, com atribuição de uma etiqueta (*label*) da qual dificilmente se libertaria. Importante observarmos que esse entiquetamento contaria somente para o primeiro evento, no caso crime ou uso de droga.

Atendendo às questões do controle social formal, algumas perspectivas sociológicas colocaram a tônica sobre os elementos que, eventualmente, estariam implicados na observância das normas por parte de muitos indivíduos, e não sobre o que levaria outros sujeitos a violar essas mesmas normas.

Obviamente, este é um ponto de vista muito diferente dos anteriores que procura analisar o que terá ocorrido no processo de socialização, conduzindo o sujeito à manifestação de comportamento prossocial (Cusson, 2005). Referem-se, neste tópico, as *Perspectivas do Controle Social*, sendo os

Crime e Drogas

53

mecanismos desse controle apontados como elementos que poderiam impedir as pessoas de se renderem aos aspectos que pudessem levá-las para um comportamento violador da norma. Nestes casos, haveria então o desenvolvimento de condutas normativas (Akers, 1999), verificando-se uma espécie de balanceamento entre forças e influências, com grande importância sobretudo ao longo do desenvolvimento do jovem, em que as instâncias de socialização, como a escola e a família, por exemplo, assumiriam um papel muito marcante e que poderia afetar significativamente a adoção de condutas inadequadas como a delinquência, o consumo de drogas ou ambos os comportamentos conjugados. Assim, segundo Wiener, Kim e Capaldi (2005), verificar-se-ia a existência de uma propensão para o desenvolvimento de comportamentos delinquentes e/ou antissociais, que decorreria de determinadas características individuais, como o baixo autocontrole. Essas características apresentar-se-iam ainda mais influentes caso se manifestassem muito precocemente no indivíduo, pelo que poderiam ser interpretadas como indicadores da possibilidade de desenvolvimento de condutas inadequadas – antissociais e/ou delinquentes.

Sob este ponto de vista, e de acordo com Hirschi (2002), todo o indivíduo se apresenta como um potencialmente delinquente, muito embora isso possa não suceder caso tenha o sujeito estabelecido uma forte ligação com a sociedade normativa. Assim sendo, as pessoas com condutas antissociais e prossociais não diferem significativamente entre si, nem nas suas principais características, verificando-se a existência de diferenças apenas ao nível da maior ou menor consolidação dos laços/vínculos desenvolvidos em relação à sociedade normativa e ao que por ela é valorizado.

Segundo Hirschi (2002), o desenvolvimento mais ou menos robusto dos laços sociais de cada indivíduo passa pela busca de estabelecimento de ligações por via dos elementos que a seguir descrevemos sumariamente:

i) Apego (*Attachment*), que remete para a definição de um vínculo afetivo e emocional entre a criança e os que a rodeiam. A maior consolidação desse vínculo traduz um desenvolvimento emocional do indivíduo, levando-o a uma maior capacidade empática. Neste caso, em que se estabelece esse vínculo com alguma solidez, haverá menos tendência para a adoção de comportamentos delituosos e que possam comprometer essas relações;

ii) Compromisso (*Commitment*), que apela para variáveis associadas à realização e ao sucesso, como a motivação e a ambição, e que conduzem o sujeito no sentido do alcance dos seus objetivos (metas). Dessa forma, aquele que investir efetivamente nos objetivos sociais e culturalmente valorizados terminará por temer colocá-los em risco através da manifestação de comportamentos menos desejáveis;

iii) Envolvimento (*Involvement*), aquilo que se associa ao investimento do jovem nas atividades valorizadas pela sociedade normativa e que, tal como se constatou no ponto anterior, o jovem não pretenderá colocar em risco;

iv) Crenças (*Belief*), consideradas o conjunto de valores que o sujeito vai internalizando e adotando, no sentido da maior ou menor consolidação de hábitos e comportamentos convencionais. Este processo de consolidação poderá se manifestar em diversos graus em diferentes jovens ou adolescentes, pelo que aquele que mais fortalecer o sistema de crenças e valores normativos, enquanto fatores de proteção, mais dificilmente adotará comportamentos comprometedores/violadores desse sistema de regras. Esta análise dos comportamentos – que pretende dar uma explicação para a manifestação de condutas delinquentes – poderá ser mais facilmente constatada através da análise do quadro da página seguinte.

Quadro 8. Elementos presentes no desenvolvimento e na consolidação do laço social, de acordo com a teoria apresentada por Hirschi

	Elemento	Breve descrição
I	Apego (*Attachment*)	• Maior vínculo afetivo e emocional entre a criança e os que a rodeiam, implicará um desenvolvimento emocional do indivíduo, levando-o a uma maior capacidade empática e a menos tendência para a adoção de comportamentos delituosos.
II	Compromisso (*Commitment*)	• Maior investimento em objetivos social e culturalmente valorizados implicará maior temor em arriscar o alcance dessas metas, através da manifestação de comportamentos menos desejáveis.
III	Envolvimento (*Involvement*)	• Associa-se ao anterior e ao investimento do jovem/adolescente nas atividades valorizadas pela sociedade normativa e que, evidentemente, o jovem/adolescente não pretenderá colocar em risco.
IV	Crenças (*Belief*)	• Conjunto de crenças que o sujeito vai interiorizando no sentido da maior ou menor consolidação de valores convencionais, com apresentação dessa consolidação em maior ou menor grau, de forma que uma maior consolidação do sistema de crenças e valores normativos reduzirá as probabilidades de manifestação de comportamentos que violem esses valores.

Esta perspectiva ainda hoje se apresenta muito atual, sendo a base para estudos empíricos que procuram iluminar o fenômeno do comportamento delituoso. As perspectivas sociológicas do crime são multivariadas e procuram analisar o problema sob diferentes pontos de vista, mas pela razão de que não seria possível explorar todas elas, optamos por apresentar aquelas mais representativas para a evolução das análises e dos estudas sobre o crime.

2.2.3. Modelos explicativos psicológicos

O destaque para os aspectos de caráter sociológico termina por favorecer aproximações de pendor psicossociológico e, evidentemente, ao se referirem às características do criminoso ou do delinquente, não poderiam deixar de ser abordadas as perspectivas que ressaltam as variáveis individuais, impondo-se a análise das propostas de cunho psicológico.

Sob um ponto de vista psicanalítico, o delito seria interpretável como uma forma de expressão da pulsão de morte, dirigida para o exterior e atingindo o outro (Fischer, 1994;

Koudela, 2007) num registro em que a agressividade seria heterodirigida, deslocando-se em direção aos demais através da exteriorização de tendências destrutivas (Freud, 1924).

De um ponto de vista totalmente diferente, o trabalho de De Greeff, desenvolvido na década de 40 do século passado, apontou para a complexidade do processo de socialização do indivíduo, como algo iniciado com o nascimento e nunca definitivamente concluído (Manita, 1997). Sob uma tal perspectiva, haveria necessidade de aceder ao processo de passagem ao ato delituoso a partir do pressuposto de que o criminoso seria qualitativamente igual ao sujeito não criminoso (Cusson, 2005). De fato, apenas quantitativamente se poderia considerar a diferença entre um e outro, já que o criminoso possuiria características que poderiam potenciar uma maior ou menor facilidade de o sujeito passar à prática de crime (Debuyst, 1985).

Entre as perspectivas psicológicas, aquelas que mais têm contribuído para a análise dos comportamentos criminosos e, também, para a procura da definição de padrões de funcionamento global dos que adotam tais condutas, estão frequentemente associadas aos estudos da personalidade. De acordo com Cloninger (2005), tem-se procurado captar o problema da conduta criminosa tanto sob a perspectiva do distúrbio de personalidade que possa estar implicado no crime (Yu, Geddes & Fazel, 2012) quanto sob um ponto de vista ligado aos traços ou características mais estáveis e frequentemente encontrados entre criminosos. Tais abordagens têm desenvolvido profundamente a análise das dimensões da personalidade, recorrendo a modelos que permitem aceder aos traços mais gerais e identificar aqueles que podem constituir indicadores de perturbações graves tais como o transtorno de personalidade antissocial e a psicopatia (Claes, Tavernier, Roose, Bijttbier, Smith & Lilienfeld, 2014). Aliás é possível extrair conclusões sobre a população criminosa, partindo-se de um modelo geral da personalidade que, note-se, tem-se revelado muito adequado a sujeitos com comportamentos desviantes.

Referido protótipo, designado por *Modelo dos Cinco Grandes Fatores*, emergiu a partir da ideia de traços de personalidade já anteriormente apresentada, acrescentando duas dimensões ao *Modelo Tridimensional da Personalidade*, antes proposto por Eysenck com base na existência de traços que, sendo predominantemente determinados em termos genéticos, agiriam em conjunto de forma a situar o indivíduo num ponto do espaço multidimensional da personalidade (Eysenck & Eysenck, 1970; 1992).

Se é certo que o *Modelo dos Cinco Grandes Fatores* é um modelo geral de personalidade, a verdade é que foi operacionalizado através de um inventário que, em diversos estudos desenvolvidos em diferentes países nos quais foi adaptado, revelou-se adequado para traçar o perfil de personalidade de populações desviantes, nomeadamente, com comportamentos criminosos, reunindo até condições para apontar traços psicopáticos em populações de consumidores de drogas com história de práticas criminosas (Derefinko & Lynam, 2007), em que determinadas características claramente identificadas pelo instrumento, como impulsividade acompanhada de amabilidade e conscienciosidade muito baixas, estarão associadas à presença de psicopatia (Lynam *et al.*, 2005).

O modelo, desenvolvido em fins do século XX, partiu do fator (g) da inteligência que, em 1904, havia sido apresentado por Spearman, e ao qual mais tarde, em 1915, se juntaria um outro fator identificado a partir dos estudos de Webb, e que parece estar associado com a atual dimensão da personalidade designada por conscienciosidade pelos autores do modelo. Estes desenvolvimentos levariam Goldberg, no início da década de 80 do século passado, a defender a ideia de que a personalidade reuniria cinco grandes domínios ou fatores. Apresentada esta ideia em um congresso organizado por Costa e McCrae, não foi necessário muito mais para que estes últimos investigadores, que estavam justamente trabalhando sobre um modelo trifatorial, aderissem à ideia de Goldberg, defendendo os cinco grandes domínios que fazem parte do modelo atual: Neuroticismo, Extroversão, Abertura, Amabilidade e Conscienciosidade (Digman, 1996). Partindo de estudos longitudinais sobre a população americana, o modelo final pauta-se pela consideração de sistemas que orientam o funcionamento global da personalidade, mediante a interação de cinco tendências básicas em articulação com fatores culturais, adaptativos, vivenciais e biográficos de cada indivíduo (McCrae & Allik, 2002; McCrae & Costa, 1997; 2003). A complexidade desta teoria e as dimensões que foram integradas no inventário que resultou da sua operacionalização podem ser analisados sumariamente no quadro que se segue.

Quadro 9. Os domínios e as dimensões da personalidade, bem como os elementos que a afetam no seu desenvolvimento, segundo Costa e McCrae

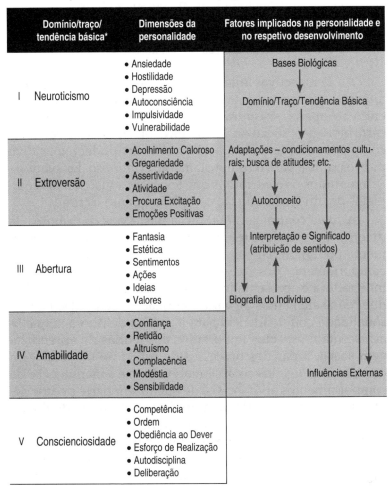

Trata-se de uma perspectiva centrada num grande construto psicológico – a personalidade – a partir do qual se procura frequentemente tipificar o criminoso traçando-lhe um

perfil de funcionamento global. Por outro lado, e uma vez que esta abordagem se baseia na consideração multifatorial de interações entre traços básicos de origem biológica, influências externas e desenvolvimento de variáveis individuais também condicionadas pela própria biografia do sujeito, este modelo pode ser considerado de tendência integradora, apesar de centrado principalmente na personalidade.

2.2.4. Modelos explicativos integradores

As Perspectivas Integradoras assumiram uma posição alternativa relativamente às abordagens que, na altura, procuravam apenas se centrar em um único fator explicativo, de cariz biológico, social ou psicológico, ou em poucas variáveis como potenciais elementos que reunissem poder explicativo para o crime e para o comportamento criminoso. Estavam assim reunidos os contributos que levariam a visões mais completas de um fenômeno tão complexo quanto o crime.

A ideia central seria reunir, a partir dos contributos de diversas perspectivas teóricas, os fatores que complementarmente poderiam dar uma visão mais realista do crime e do comportamento dos que o executam. Exemplo dessa visão integradora é apresentado pela proposta de Feldman (1978), que reúne elementos de várias teorizações centradas na personalidade com tendência para a prática delituosa, a que se acrescentam aspectos importados das teorias da aprendizagem social, a par dos processos de rotulação ou rotulagem como fatores ligados ao desenvolvimento e à manutenção de comportamentos antissociais, de que fazem parte os atos delituosos. Assim, haveria uma predisposição individual para esse tipo de comportamento, que estaria associada à presença de certas características da personalidade. Tais características, face a processos de aprendizagem decorrentes da socialização, teriam um papel com importância considerável na manifestação de determinados comportamentos como os criminosos, que se mantinham e evoluíam mediante processos cognitivos e através da integração de um papel definido por processos de rotulação ou etiquetagem.

Farrington (1996), após ter realizado diversos estudos nos quais procurou o desenvolvimento de uma abordagem que fosse integradora, partindo de elementos provenientes de diferentes modelos, obteve resultados reveladores de uma complexa rede de fatores interatuantes, entre os quais há possibilidade de identificar os que podem ser considerados como preditores do comportamento antissocial e, evidentemente, da possível conduta delituosa, cujo desenvolvimento pode se estender por longo prazo. O autor apresentou uma abordagem em que são reconhecidos e discriminados os elementos que, sendo variáveis individuais, podem potenciar a tendência para a antissocialidade. Farrington referiu ainda o impacto do meio ambiente sobre a possível tomada de decisão no sentido da exteriorização de certos comportamentos e, saliente-se, não foi esquecida a referência a processos que "energizam", "dirigem" e "inibem" a manifestação de condutas antissociais.

A definição destes processos foi apresentada por Farrington (1996) da seguinte forma: os fatores que *Energizam* os comportamentos delituosos passam, por exemplo, pelo desejo imoderado de bens materiais, com uma clara necessidade de excitação e de demonstração recorrente de *status*, a que se acrescentam a tendência para o tédio, para a frustração e para a raiva, com frequente presença do consumo de álcool. Dos fatores que *Dirigem* as condutas antissociais, fazem parte as motivações subjacentes à tendência para esses comportamentos, sobretudo em situações em que os meios para satisfazer as necessidades do sujeito são socialmente condenáveis. Saliente-se que a opção por tais meios socialmente reprováveis para gratificação das próprias necessidades acaba por ser dependente da maturidade do indivíduo e dos seus recursos comportamentais. Por último, os fatores que *Inibem* a tendência para tais comportamentos inadequados podem efetivamente agir como desmobilizadores ou, pelo contrário, podem amplificar a aproximação do indivíduo relativamente a esse registro comportamental antissocial. De acordo com este ponto de vista, a tomada de decisão por parte do sujeito é um processo afetado por elementos individuais e ambientais, consequente de uma avaliação subjetiva dos diferentes itens de informação extraídos da situação concreta em análise. Não obstante, essa análise não é total e absolutamente racional. Muito pelo contrário, essa avaliação é influenciada por inúmeros fatores sociais relacionados com a reação de familiares e do grupo de pares, para além do impacto das próprias características individuais, como a impulsividade.

Mais tarde, Farrington (2008) acabou por apresentar novos desenvolvimentos com a *Teoria do Potencial Antissocial Cognitivo Integrado*, em que preconiza a antissocialidade como sendo potencializada a curto, mas também a longo prazo, pela influência de fatores individuais muito poderosos, como a elevada impulsividade associada a elementos mais circunstanciais, o insucesso escolar/profissional, o contato estreito com um meio caracterizado pela presença de crime, o desenvolvimento afetado por práticas parentais inadequadas em contexto familiar disfuncional, a que se acrescentam influências do grupo de pares e oportunidades para a prática delituosa. De acordo com Farrington (2004, 2005, 2008), todos estes fatores afetariam os processos de tomada de decisão comportamental que, por seu turno, seriam ponderados por um balanço entre custos e benefícios.

Assim, podemos sintetizar num esquema ilustrativo os elementos que fazem parte desta abordagem teórica, de forma a salientar seu caráter integrador e multifatorial, conforme o quadro ao lado.

Quadro 10. Elementos/Fatores implicados no possível desenvolvimento de comportamentos antissociais, segundo Farrington

Fatores	Elementos que integram cada fator
I Fatores que "Energizam"	• Desejo imoderado por bens materiais. • Necessidade de excitação. • Necessidade de demonstração de *status*. • Fácil entediamento. • Tendência para a frustração. • Frequente presença do consumo de álcool.
II Fatores que "Dirigem"	• Motivações subjacentes à tendência para esses comportamentos. • Mais em situações em que os meios para satisfazer as necessidades do sujeito são socialmente condenáveis. • Depende da maturidade e de recursos comportamentais.
III Fatores que "Inibem"	• Podem efetivamente agir como desmobilizadores ou, pelo contrário, como amplificadores. • Podem amplificar a aproximação do indivíduo relativamente ao comportamento antissocial.

Teoria do Potencial Antissocial Cognitivo Integrado
• Antissocialidade potenciada a curto ou a longo prazo.
• Pela influência de fatores individuais como a elevada impulsividade.
• Afetada por elementos mais circunstanciais, como:
 – Insucesso escolar/profissional;
 – Contato com um meio caracterizado pela presença de crime;
 – Presença de práticas parentais inadequadas;
 – Contexto familiar disfuncional;
 – Influências do grupo de pares;
 – Oportunidades.

2.3. Algumas análises internacionais sobre o crime

O crime e o comportamento criminoso sempre geraram muita curiosidade, sendo alvo de diversos estudos, obedientes a diferentes métodos, procurando díspares aspectos e facetas e perseguindo diversos objetivos (Nunes, 2010). O início destes comportamentos, muitas vezes precocemente e através da manifestação de condutas antissociais que vão evoluindo no sentido da delinquência (Nunes & Trindade, 2015), tem sido também alvo de análises de caráter científico, que procuram explicar como se instalam e desenvolvem tais registros comportamentais. Este ponto procurará, precisamente, apresentar alguns dos estudos mais recentes e os resultados a respeito do fenômeno criminal.

Crime e Drogas

O crime constitui um fenômeno complexo pensado e analisado por muitos autores. Não raramente aparece associado a variáveis como a pobreza, a discriminação racial (Wilson, 2013), as drogas (Nunes, 2011a) e a vitimação dessas populações (Nunes & Sani, 2013; 2015), ligado à personalidade e ao que a caracteriza (Rocha, Formiga & Lopes, 2014), à eventual presença de psicopatologia (Muñoz, 2013) e, muito especialmente, à psicopatia (Nunes, 2011b), não sendo esquecidas as questões de distribuição do crime em termos geográficos e ambientais (Morris, 1957/2013).

Entre as variadas análises do panorama internacional desenvolvidas, apresenta-se a de Johnson *et al.* (2000) que concluiu sobre as perturbações e desordens de personalidade como potencializadoras da probabilidade de o sujeito vir a cometer crime. Outros estudos centrados na personalidade do ofensor recorrem ao *Modelo dos Cinco Grandes Fatores* anteriormente apresentado neste livro, como foi o caso da análise de Claes, Tarvenier, Roose, Bijttebier, Smith e Lilienfeld (2014), que concluíram a favor de dois subtipos de personalidade fortemente associados à possibilidade de psicopatia e a diferentes padrões criminais: o primeiro subtipo emocionalmente estável/resiliente, e o segundo agressivo/descontrolado.

Sob uma perspectiva mais sociológica, algumas investigações (Damm & Dustmann, 2014) apontam para o meio envolvente e as interações sociais como elementos que podem constituir pontos chave para o impacto da vizinhança sobre a possibilidade de potencialização do comportamento criminoso. Outras variáveis e dimensões continuam a ser estudadas quando o foco central é a conduta delituosa, como é o caso da vinculação e do seu padrão predominante, que é centro das atenções de Schimmenti, Passanisi, Pace, Manzella, Di Carlo e Caretti (2014). Os autores, na sua pesquisa, concluíram que haveria necessidade de se prestar mais atenção ao padrão de vinculação dos indivíduos, para melhor se compreender o comportamento de ofensores violentos, especialmente, no âmbito da psicopatia.

Uma das associações mais estreitas e comprovadas cientificamente remete, precisamente, para a ligação droga-crime, sendo este um domínio em torno do qual mais se realizaram estudos nas últimas décadas. Exemplo disso são as análises de Pierce et al., 2015; Taniguchil, Ratcliff & Taylor (2012) recentemente publicadas, tratando exatamente dessa relação entre consumos problemáticos de drogas e agentes de práticas criminosas.

Nesse contexto em que se cruzam os dois comportamentos, tal como em cada um desses registros comportamentais separadamente, importa levar em consideração a possibilidade de a figura desviante referida se apresentar como desempenhando o papel do ofensor, ou, ao contrário, ser o sujeito que também pode envergar o papel da vítima. Tratemos, primeiramente, da estreita relação entre os dois comportamentos: consumo de drogas e crime.

Nota final

Os estudos a respeito do crime e do comportamento criminoso não cessam, e a curiosidade sobre essa relação não deixa de aumentar. Surgiu de uma visão que evoluísse de modelos mais simplistas para interpretações que cada vez mais se aproximassem da complexidade do fenômeno criminal.

Este capítulo levantou apenas algumas das facetas do comportamento criminoso até se chegar à ideia de que apenas com uma análise reflexiva e integradora será possível compreender melhor esta conduta que, aliás, se associa também a altos níveis de vitimização.

Quadro 11. Síntese esquemática do capítulo II

CRIME e COMPORTAMENTOS CRIMINOSOS

Teorias e Modelos Explicativos – Evolução entre 4 Tipos	
Teorias e Modelos Biológicos	A focalização na explicação, atendendo essencialmente a elementos de natureza biológica – genética, cromossômica, associada a disfunções cerebrais, neuroquímicas, hormonais,...
Teorias e Modelos Sociológicos	A focalização no desenvolvimento do sujeito e no meio social em que o mesmo se insere, como explicação para o comportamento criminoso.
Teorias e Modelos Psicológicos	A focalização nos processos cognitivos com atenção voltada para os grandes construtos psicológicos, como é o caso da personalidade,...
Teorias e Modelos Integradores	A análise integrada das várias perspectivas, numa visão multicomponencial e multifatorial.
Os Estudos	
A ponte entre drogas e crime e a ligação à vitimização	

ALGUMAS ANÁLISES (estudos e abordagens teóricas)

Capítulo III – Entre crime e drogas: os trajetos possíveis

Sinopse do capítulo

Começando pelos aspectos ligados às drogas, à história do seu uso, às suas possíveis classificações e às diferentes perspectivas que procuram trazer luz a este comportamento de dependência de substâncias, passou-se às questões do crime e dos comportamentos de quem o comete – o criminoso.

Esse foi o momento em que se tentaram explorar os elementos desde há muito intrigantes, porque associados à conduta criminal. Após esses dois primeiros momentos, passamos a apresentar o conjunto de fatores que se encontram implicados na concorrência das duas manifestações comportamentais: consumo de drogas e práticas criminosas. Sobejamente conhecida, a estreita e já inegável ligação entre tais condutas passou a ser alvo de atenção, principalmente a partir das últimas décadas do século passado.

Também aqui nos centraremos nessa associação, procurando, primeiramente, explanar as primeiras hipóteses explicativas para o fenômeno internacionalmente conhecido por *drug-crime link*.

3.1. Os trajetos possíveis

Recorde-se que o consumo de drogas e as práticas delituosas constituem dois comportamentos que se apresentam concomitantemente com grande frequência, num quadro de elevadíssima complexidade, como afirmam diversos estudos a respeito deste fenômeno (e.g., Brochu, 2006; Brochu, Cournoyer, Tremblay, Bergeron, Brunelle & Landry, 2006; Nunes, 2011; Seddon, 2006). Se, por um lado, essa estreita associação entre os dois comportamentos não se apresenta como uma relação causal linear (Brochu, 2006; Keene, 2005), por outro, está solidamente estabelecido e comprovado que muitos dos sujeitos que manifestam comportamentos antissociais, alguns dos quais de caráter criminal, acabam também por consumir drogas de forma problemática, como se esta última conduta funcionasse como uma exteriorização de antissocialidade. Acresce ainda que também se verifica o trajeto oposto, ou seja, aquele em que muitos dos consumidores de substâncias apresentam uma tendência para o posterior desenvolvimento de ações antissociais e, mesmo de caráter abertamente delituoso (Brochu, 2006).

Efetivamente é inquestionável a confirmação de uma estreita e robusta ligação entre os dois comportamentos aqui apresentados (Hammersley, 2008; Fazel, Bains & Doll, 2006; Keene, 2005; Nunes, 2011; Vitaro, Pedersen e Brendgen, 2007), traduzindo um fenômeno que necessita ser analisado em função de diferentes variáveis tais como fizeram diversos investigadores nas últimas décadas (Conner, Stein & Longshore, 2009; Fite, Raine, Stouthamer-Loeber, Loeber & Pardini, 2010; Nunes, 2011). Afinal, é preciso não esquecer que, nos atuais países ocidentais, uma média de 75% da população prisional é composta de indivíduos com história de consumo de drogas (Torres & Gomes, 2005). Acrescente-se, ainda, que cerca de metade das penas atribuídas nesses países se inscrevem no âmbito dos crimes que, de forma mais ou menos direta, associam-se às drogas (Gossop, 2010). O que acabamos de referir deve se somar à ideia de que os indivíduos consumidores de drogas que cometem crimes revelam maior tendência para a reincidência criminal, quando comparados com os criminosos não consumidores de substâncias. No entanto, também é necessário atender a outras variáveis que têm implicações no comportamento destes sujeitos (Mallik-Kane & Visher, 2008).

Importa reforçar que a associação entre drogas e crime está longe de ser um problema recente, sendo uma das mais persistentes formas de comportamento problemático

(Snyder & Sickmund, 1995). De fato, várias análises têm conduzido à conclusão de que se trata de um fenômeno em que está presente a interligação entre os dois comportamentos que, por seu turno, são afetados por fatores que exercem a sua influência a diferentes níveis, fazendo parte integrante de um contexto de instalação e desenvolvimento de processos extremamente complexos (Seddon, 2000, 2006), aos quais nos dedicaremos a partir a seguir:

3.1.1. *Do consumo de drogas à dependência e ao crime*

Se é certo que os trajetos parecem não obedecer a um padrão, não é menos correto que, em alguns casos, o indivíduo pode começar pelo uso de drogas, passando ao comportamento típico de dependência, para, logo a seguir se envolver em práticas criminosas. Nessa lógica, surgiram as hipóteses iniciais formuladas aos primeiros estudos em que parecia haver um percurso indicador de que a dependência de substâncias poderia estar na origem, na gênese, dos comportamentos criminosos.

Referimo-nos, aqui, às abordagens que, ancoradas numa perspectiva determinista, parecem apontar para uma relação causal entre consumo de drogas e crime, num registro em que foram se desenvolvendo análises conducentes a alguns modelos, como os que se encontram no quadro 12.

Quadro 12. Modelos baseados na perspectiva de que o trajeto seguido por estes sujeitos é o de que as drogas originam o crime

Modelo	Breve descrição
Econômico-compulsivo	• Desejo e necessidade de consumir, conduz ao delito para obter meios econômicos de manutenção dos consumos.
Psicofarmacológico	• Efeito tóxico das substâncias, como elemento conducente a uma atitude potenciadora e facilitadora das práticas criminosas.
Sistêmico	• Estilo de vida e meio frequentado pelo consumidor de drogas que, sendo violento, suscita as práticas violentas.

Deste ponto de vista, o *Modelo Econômico-Compulsivo* foi uma das primeiras tentativas para dar alguma inteligibilidade a esta relação entre drogas e crime, partindo das hipóteses inicialmente colocadas e, portanto, assentando na ideia de que seria o consumo problemático de substâncias que estaria na origem da passagem à prática criminosa, ou seja, ao ato delinquente.

Efetivamente, esta linha de pensamento constitui uma das abordagens que procura estabelecer relações causais entre os dois comportamentos, numa modalidade de relacional em que se parte da ideia de que uma das condutas é causadora, isto é, causa eficiente da outra (relação de causalidade direta). Para fundamentar esta e outras interpretações de que a droga é causadora do desenvolvimento de comportamentos delituosos, alegam-se três razões essenciais:

i) A primeira razão relacionada com o fato de o consumo de substâncias desencadear alterações comportamentais, bem como de pensamento, que levarão ao subsequente desenvolvimento de condutas inadequadas (Brochu & Parent, 2005);

ii) A segunda razão, em uma nova perspectiva mais frequente, estaria associada com a necessidade do indivíduo sustentar os seus consumos e, para tanto, tender a desenvolver comportamentos delinquentes, sobretudo de caráter aquisitivo, com o objetivo de obter meios econômicos para manter o consumo de drogas que necessita (Anglin & Speckart, 1986; Fisher et al., 2007);

iii) A outra razão fundamenta-se no argumento de que o submundo da droga, mais concretamente os seus mercados ilegais, potencializam, pela violência de que estão imbuídos, a manifestação de práticas delinquentes (Brochu, 2006; Brochu & Parent, 2005).

Assim, pelas razões antes apresentadas e tendo em consideração os custos da manutenção de consumos com regularidade e quantidade difíceis de sustentar, este modelo, designado por *Econômico-compulsivo*, considera que a dependência de substâncias levará o indivíduo a cometer crimes através dos quais obterá os meios econômicos para adquirir as substâncias a preços que vão sendo estabelecidos ao sabor das flutuações do mercado estabelecido ilegalmente.

Na verdade, alguns estudos acabaram por confirmar que esta poderia ser, pelo menos parcialmente, uma das explicações para o fenômeno. No que se refere ao consumo de heroína, por exemplo, um estudo de Demaret, Deblire, Litran, Magoga, Quertemont, Ansseau & Lemaitre (2015) dirigiram a atenção para a evolução dos comportamentos criminais de um conjunto de 74 participantes, todos consumidores de heroína em tratamento de substituição com metadona e acompanhados durante 12 meses, tendo-se registrado uma considerável diminuição dos crimes aquisitivos praticados por aqueles indivíduos ao longo desse tempo. O estudo concluiu que a substituição pela metadona pode reduzir o comportamento criminal dos dependentes de heroína.

Contudo, e se analisarmos reflexivamente estes resultados, poderemos facilmente depreender que: em primeiro lugar, dificilmente teremos dependentes de droga que apenas consomem um só tipo de substância (heroína por exemplo), sabendo-se que, pelo contrário, os indivíduos toxicodependentes fazem consumos de uma multiplicidade de drogas, em que estimulantes e depressores se vão alternando, quando não sendo consumidos simultaneamente; em segundo lugar, nem sempre o crime cometido por estes sujeitos é meramente aquisitivo, havendo práticas violentas sem qualquer fito de "lucro", tais como, por exemplo, atos de vandalismo, condutas antissociais e incivilidades graves, inclusive crimes contra a vida.

Ora, na sequência do que acabamos de referir, cumpre observar que podem haver outras motivações que não as econômicas, pelo que se deverá considerar e incluir o *Modelo Psicofarmacológico*, que parte da premissa de que o consumo de drogas levará os seus consumidores a estados que podem potencializar a prática de condutas antissociais, de que não se excluem os delitos. Tal tendência comportamental delituosa estaria assim relacionada com o efeito produzido pelas drogas. Entre esses efeitos psicofarmacológicos, poderíamos destacar a redução de desempenho ao nível cognitivo, a diminuição da capacidade de controle comportamental, a maior propensão para manifestações agressivas e até violentas, entre outras (*Observatorio Europeo de las Drogas y las Toxicomanías*, 2007).

É inegável que alguns estudos apontam para a ação das drogas sobre os centros cerebrais da impulsividade e da agressividade, levando o sujeito a manifestar comportamentos delituosos mais facilmente. Nesse sentido, o estudo realizado por Chalub e Telles (2006), em revisão de pesquisas feitas entre 1986 e 2006, constatou que as perturbações causadas por substâncias conduziram os consumidores à criminalidade, com uma elevada proporção de ações violentas, sendo encontrado drogas nas análises clínicas feitas nos ofensores, nas vítimas e, por vezes, em ambos. Não obstante haverem concluído que diferentes indivíduos responderiam diferentemente a iguais graus de intoxicação, devem ser consideradas também outras variáveis de caráter orgânico, cultural, social e de personalidade, como elementos que teriam grande impacto no desenvolvimento de comportamentos delituosos.

É importante chamar a atenção que este tipo de investigação, geralmente obediente a um plano laboratorial, recorre a observações em contextos artificialmente criados, sendo que algumas dessas análises referem uma associação não significativa entre os efeitos das substâncias, a impulsividade ou a desviância das condutas dos sujeitos. Mais uma vez, precisamos sublinhar a enorme complexidade de um fenômeno não redutível ao impacto da química das drogas (Martin *et al.*, 2009). Se é certo que o estado de intoxicação pode, efetivamente, ter um efeito sobre o sujeito que acabará por ver alterados os seus comportamentos, não é menos correto que esta população não comete apenas crimes quando se encontra sob o efeito direto das substâncias que consome. Portanto, também este modelo nos oferece uma visão verdadeira, porém igualmente redutora do fenômeno droga-crime.

Emerge, então, um outro ponto de vista, baseado no olhar atento sobre os mercados ilegais de drogas e no seu funcionamento impregnado de violência. Assim, e ainda no âmbito do determinismo, sob uma perspectiva causal e tendo por base a ideia de violência presente nos circuitos de comercialização ilegal das substâncias, o *Modelo Sistêmico* centra-se numa explicação sobre o fenômeno que extravasa os planos das caraterísticas dos sujeitos, dos efeitos das drogas e das dificuldades econômicas em adquiri-las, para se focar no ambiente tipicamente vivido nos mercados ilícitos de drogas. Nesses contextos, os consumidores acabam por se mover num meio agressivo, hostil e em que as diferenças/contas são ajustadas por via da violência. Assim, e nesta lógica, o mundo das drogas ilegais proporciona ao indivíduo a vivência de situações que, sem dúvida, motivarão e estimularão a manifestação de comportamentos inadequados e igualmente violentos e ilícitos (Bean, 2004).

Segundo esta vertente explicativa do fenômeno, não seria propriamente o consumo/dependência de substâncias que estaria na origem do delito, mas a vivência de um clima violento num meio muito específico e em que impera a rigidez das normas prevalentes nos mercados ilegais das drogas, dotados de um sistema de distribuição e de aprovisionamento de uma mercadoria favorecedora do desenvolvimento de criminalidade associada (Brochu, 2006). Sob este ponto de vista, algumas investigações (Santos & Kassouf, 2007) foram desenvolvidas atendendo aos aspectos típicos dos mercados das drogas ilegais para, a partir das suas especificidades, serem procuradas as ligações com o mundo da criminalidade. Os resultados facultaram evidências de que o desenvolvimento de tais mercados assumem contornos grandemente responsáveis pela criminalidade. Contudo, e à semelhança do que se verificou nas conceitualizações anteriormente apresentadas, as conclusões também apontam para a marcada presença de outros fatores que, igualmente influentes, cumprem um importante papel no crime e nos comportamentos criminosos.

Assim sendo, se é correto afirmar que os mecanismos violentos de regularização comportamental típicos dos mercados de drogas ilegais têm impacto sobre a criminalidade, não será menos verdadeiro dizer que a presença de outras variáveis de influência, mais ou menos direta, também tem um papel fulcral sobre o crime praticado por consumidores problemáticos de substâncias. Aliás, e como se verá adiante, as três abordagens até aqui apresentadas revelam diferentes elementos que, conjuntamente, constituirão uma fonte de influência diferente da exercida por cada um desses elementos separadamente, conforme afirma Goldstein (1995), no Modelo tendencialmente integrador destes díspares fatores.

3.1.2. Da prática de crime ao consumo de drogas

Efetivamente, o *Modelo Tripartido*, proposto por Goldstein, procura conciliar os modelos anteriores, implicando no fenômeno a influência conjunta dos elementos já apresentados em separado, na busca de uma maior aproximação com a complexidade inerente a esta relação entre drogas e crime (Goldstein, 1995). O modelo, agora num movimento de afastamento do determinismo exacerbadamente centrado num único fator e apresentado pelas abordagens prévias, concilia as razões oferecidas pelas linhas anteriores de interpretação e aponta os seguintes elementos como implicados na relação droga-crime:

i) Os efeitos psicofarmacológicos do produto, com impacto nas condutas de quem o consome;

ii) Os elevados custos de determinadas drogas ilegais e a busca de meios igualmente ilegais para obter dinheiro que sustente os consumos;

iii) O clima de violência inerente aos mercados ilegais de drogas e a necessidade de usar também de violência para fazer frente às experiências que se vivem nesses espaços.

Então, de acordo com este ponto de vista, o consumidor dependente de drogas poderia cometer crimes sob o efeito e a influência das substâncias, enquanto estivesse em estado de intoxicação. O delito também poderia ser executado sob a pressão exercida pela necessidade de meios econômicos para adquirir drogas, num mercado impiedoso, com o objetivo de manter uma dependência muitas vezes cara e controlada por dinâmicas muito flutuantes em termos de preços e, acrescente-se, o indivíduo poderia estar afetado ainda pela vivência de um clima altamente violento, sentido nos circuitos ilegais de drogas, numa subcultura que estimulasse as práticas violentas e/ou criminosas por parte de quem a integrasse. Foi assente nestes três aspectos, surgiu o *Modelo Tripartido* (Goldstein, 1995).

O *Modelo Tripartido* inspirou várias investigações, de que é exemplo o estudo de Bennett e Holloway (2009), em que se conclui pela necessidade de reanalisar esta perspectiva, uma vez que há uma série de fatores que estarão implicados no fenômeno da relação droga-crime e que devem ser aqui contemplados. Designadamente, deveria se atender às motivações econômicas, farmacológicas e outras, para que melhor compreender o problema (Kuhns & Clodfester, 2009), não sendo, no entanto, de esquecer que o crime pode anteceder o consumo de drogas e, dessa forma, a relação causal apresentar-se-ia invertida: nestes casos, não estaria a droga a originar o comportamento criminoso, mas poderia ser este último (o crime) que levaria o sujeito a consumir drogas. A verdade é que vários estudos (D'Orbán, 1973; Stephens & Ellis, 1975; Vaillant, 1966) revelaram que, muito frequentemente, verifica-se uma precedência do crime relativamente ao abuso de substâncias. Nestes casos, é possível considerar que a integração numa subcultura criminal pode levar ao consumo de drogas, sendo mais um comportamento a ser desenvolvido nesse submundo do desvio. Por outro lado, também não é raro que os dois comportamentos, consumo de drogas e práticas criminosas, apresentem-se mais ou menos simultaneamente no mesmo indivíduo.

Estamos, por isso, perante uma sequência temporal de comportamentos que difere daquela explorada pelos primeiros estudos e, agora, podemos apresentar o chamado *Modelo Causal Invertido*, em que o meio frequentado pelo indivíduo com condutas delituosas, tendo um clima violento e perigoso, pode propiciar o desenvolvimento de um estilo de vida particular, que se revela favorecedor do consumo de drogas (Bean, 2004; Brochu & Parent, 2005). O delito, sendo considerado como causa do consumo de drogas, seria aqui o principal argumento para fundamentar a precedência de práticas delituosas em relação ao consumo de substâncias, num contexto em que o delito se inscreve num meio intimamente associado aos consumos. É indubitável que esta visão do fenômeno, à semelhança da ideia de que as drogas são a causa do crime, apresenta-se como uma construção reducionista, e mesmo simplista, que deixa sem explicação uma boa parte das facetas do problema (Parent & Brochu, 1999).

De fato, é necessário ter bem presente que, entre os consumidores de drogas com comportamento criminoso, a sequência temporal do consumo de substâncias e da posterior adoção de condutas delituosas é menos comum que a ordem sequencial oposta, isto é, a da manifestação de crime, em que se verifica até uma "criminalidade predatória", como antecedente do posterior consumo de substâncias (Chaiken & Chaiken, 1990). Assim sendo, é um imperativo que se analise esta relação extraordinariamente complexa entre drogas e crime sob um ponto de vista diferente da mera procura de relações causais.

3.1.3. A concorrência droga-crime

Numa busca de alternativas explicativas, emergiram as perspectivas estruturalistas que, voltando as costas para a ideia de que uma das condutas pudesse ser a causa da outra, procuraram analisar o fenômeno sob um ponto de vista correlacional, isto é, baseado na ideia de que há, sem sombra de dúvida, uma estreita associação entre os dois comportamentos, mas não de natureza causal, sendo antes uma ligação sustentada em elementos estruturais e de estilo correlacional.

Sob este ponto de vista, abre-se a possibilidade de serem considerados outros elementos implicados no fenômeno (Brochu, 1996), através de uma linha de pensamento sobre aqueles dois comportamentos como emergindo mais ou menos conjuntamente, havendo fatores estruturais subjacentes a ambas as condutas. Dito de outra forma, parte-se do pressuposto de que certos elementos estão mais profunda e silenciosamente presentes na estrutura de funcionamento individual, afetando a adesão às drogas e ao delito (Janosz, Le Blanc & Boulerice, 1988). Então, a ocorrência simultânea dos dois comportamentos, formando-se, assim, a ligação droga-crime, não seria mais do que um "epifenômeno" decorrente de um funcionamento comportamental com associação a aspectos estruturais de natureza individual, mais especificamente, aos níveis biológico, psicológico e social (Agra, 1996).

Se é certo que esta nova leitura interpretativa do problema rompeu com a visão determinista e de estabelecimento de relações causais lineares e diretas, não será menos correto que este ponto de vista não conduziu a conclusões que indicassem algum tipo de previsibilidade de um comportamento a partir do outro, nem à existência de elementos que, como o estilo de vida, o ambiente social, a estrutura de personalidade e outras variáveis, fossem a base da manifestação deste fenômeno (Anglin & Speckart, 1986). Pouco a pouco foi ficando claro a possível existência de fatores intrínsecos que levariam os jovens a consumir drogas e/ou a praticar delitos. Entre os autores que apostaram nesta perspectiva, destacam-se algumas ideias como a da *Síndrome Geral da Desviância* (Le Blanc, 1996; 1999), em que o desvio seria a resultante de algo estrutural, e levaria ao desenvolvimento de comportamentos problemáticos (e.g., consumo de drogas, vadiagem, fugas da escola, vandalismo, sexualidade precoce e adesão a grupos desviantes). Haveria uma espécie de tendência antissocial, em que se enquadrariam convergentemente os dois comportamentos aqui estudados, verificando-se as consequências que conduzem à ruptura, por parte do indivíduo, em relação à sociedade normativa (Brochu, 1995a; 1995b; 2006).

Uma outra vertente considerada neste ponto de vista estruturalista foi a da presença de psicopatologia como forma de explicar a manifestação de comportamentos de dependência de substâncias e de práticas criminosas, entre outros igualmente perigosos e antissociais. Esta abordagem procurou, por muito tempo, a existência de uma personalidade que pudesse tipificar estes sujeitos, isolando combinações de traços de personalidade e de temperamento não identificáveis facilmente na população sem este tipo de problema. Não obstante, é imperativo salientar que o desenvolvimento de um percurso delituoso se processa num determinado contexto integrador de múltiplas e diversas condições sociais, também afetadas por componentes biológicos e culturais, a que se agregam as influências e as oportunidades que se geram nessas esferas de influência (Le Blanc, 1996). Assim, repete-se a constatação de que esta relação droga-crime é por demais complexa, sendo impossível de reduzir a algumas ou poucas variáveis que estejam em jogo.

As técnicas de neutralização, apontadas por Sykes e Matza em 1957, podem se enquadrar nesta vertente e referem-se à expectativa do indivíduo (designado por especialista droga-crime), em relação ao efeito extraído da substância, com presença de um processo de desresponsabilização do sujeito face às suas ações e respectivas consequências. O que aqui se verifica é o desencadear de estratégias cognitivas, como a adoção de um *locus causal externo*, a que se soma uma atitude de *negação da ação* através da racionalização conducente à anulação da importância dos danos provocados pela mesma, bem como a *minimização da gravidade* dos comportamentos desenvolvidos (Newburn, 2007).

Em suma, a relação entre droga e crime também foi avaliada atendendo a estes elementos estruturais, mediante diferentes interpretações que, sem dúvida, forneceram o seu contributo para, pelo menos parcialmente, aumentar o conhecimento acerca desse complexo fenômeno. Mas, ainda assim, estes elementos que afetam tacitamente o desenvolvimento de um tal registro comportamental são ainda insuficientes para a compreensão do problema. Na verdade, revelou-se fulcral analisar a relação droga-crime através de um paradigma distinto, que permitisse uma aproximação, não às causas ou ao que estruturalmente estivesse implicado, mas aos processos que se instalam para que se estreitem as ligações entre drogas e crimes (Nunes, 2011a).

3.1.4. *A outra face do fenômeno: relação crime-vitimização*

Depois de tudo que foi explorado a respeito da relação entre drogas e crime, importa salientar que são variadíssimos os problemas que gravitam em torno da toxicodependência, da delinquência e dos dois comportamentos conjuntos, o que coloca os sujeitos da ação droga-crime em situações de fragilidade face aos riscos a que são expostos. Assim, podemos afirmar que existe uma elevada probabilidade de estes indivíduos estarem sujeitos a frequentes situações de vitimização, numa espécie de inversão do papel que geralmente lhes é atribuído.

Na verdade, esta questão começou por ser apontada por alguns autores (Goldstein, 1985; MacCoun, Kilmer & Reuter, 2003; Nunes, 2011c) e, justamente por ter sido pouco investigada, permanece a necessidade de estudar o fenômeno, sendo um problema ainda a explorar. Sem sombra de dúvida, o toxicodependente com práticas delituosas está exposto a diversos fatores de risco que poderão vulnerabilizá-lo face à vivência de situações de vitimização. Desde logo, e através de uma revisão da literatura (Nunes, 2010b), é possível perceber que esta população recorrentemente se expõe a riscos de cariz biológico/farmacológico decorrentes de um contexto social tumultuado, pois vive um estilo de vida desregrado e com a manifestação de comportamentos perigosos que expõem estes indivíduos a situações muito difíceis.

Pelo que acaba de ser referido, a toxicodependência encontra-se associada estreitamente não só ao crime, mas também está ligada a situações muito problemáticas e complexas, como a exclusão social (Pearson & Gilman, 2005), a pobreza (Entorf & Spengler, 2002), a perda de domicílio – condição de sem-abrigo ou sem-teto (Ploeg & Scholte, 1997), entre outras situações graves. Portanto, o toxicodependente apresenta-se muito frequentemente como aquele que pratica crimes, mas, por outro lado, também é aquele que, dadas as suas vulnerabilidades, acaba por ser vítima de crimes por outros cometidos (Nunes, 2011c).

A vitimação do toxicodependente com condutas delituosas começa, desde logo, pelo estigma associado, pelos mais diversos motivos, incluindo os que se ligam à ideia de que ele se apresenta muitas vezes com comportamentos violentos e até criminosos. A este aspecto, soma-se o estado a que o indivíduo é conduzido através dos consumos descontrolados e dos efeitos fragilizantes causados pelas substâncias, deixando-o em um estado de intoxicação que pode potenciar a sua exposição a situações de elevado risco e que o colocam à mercê de quem pode vitimá-los (Nunes & Sani, 2013; 1025). Dito de outra forma, o consumidor de drogas acaba por se colocar numa posição de elevadíssima vulnerabilidade, quer pelo seu estilo de vida e pelos meios que frequenta assiduamente, quer pelos seus comportamentos nem sempre adequados, quer ainda pelas alterações fisiológicas e comportamentais que apresenta em consequência da sua exposição aos efeitos tóxicos das drogas.

Esta exposição e a frequente vivência de situações de vitimização entre aqueles que, sendo toxicodependentes, são também muitas vezes delinquentes deve-se a diversos elementos que interagem entre si, numa constelação que inclui o estado prostrado do sujeito quando intoxicado pelas drogas, o seu aspecto e, por que não dizê-lo, as suas atitudes e comportamentos não raras vezes chocantes e, também, as suas

Crime e Drogas

fragilidades cognitivas e comunicacionais, a que se podem acrescentar os próprios lugares frequentados por estas pessoas que se movem em mercados ilegais e em ambientes muito perigosos (MacCoun, Kilmer & Reuter, 2003).

Pelo que foi até aqui apontado e considerando análises que, como a de Fagan (1993), encontraram evidências de que, muito frequentemente, são identificadas concentrações plasmáticas significativas de drogas entre vítimas de homicídio, de assalto e agressão, torna-se cada vez mais importante atender a esta outra face do fenômeno da ligação entre drogas e crime. Aliás, esta é mais uma das muitas facetas que se instalam e se desenvolvem no campo das drogas associadas às situações de crime e vitimização, o que aumenta significativamente a complexidade do nosso objeto de análise. Também por isso, importava que a investigação científica adotasse um paradigma diferente, conducente à busca da compreensão do que poderá passar com estes sujeitos, que integram os dois comportamentos – consumos de drogas e práticas criminosas.

Nota final

Sob um ponto de vista diferente, que se dedica à análise do criminoso que é também consumidor de drogas ou, num movimento sequencialmente oposto, com ênfase no toxicodependente que se dedica a práticas criminosas, este capítulo deteve-se na exploração do fenômeno da ligação droga-crime, através de um olhar primeiramente mais determinista e, depois, por via de uma interpretação mais centrada nas estruturas individuais.

Estas interpretações, que se apresentam esquematicamente no quadro 13, resultaram dos primeiros estudos que, muito embora tenham conduzido a abordagens teóricas com limitações, foram os que permitiram a evolução e o aprofundamento de conhecimentos conducentes a pontos de vista mais atuais, como os que se apresentarão no quarto capítulo.

Quadro 13. Síntese esquemática do capítulo III

Modelos Explicativos – 1ª e 2ª geração de hipóteses
Modelos deterministas

Abordagens baseadas no estabelecimento de relações causais, lineares e simplistas, entre os dois comportamentos – a droga como causa do crime e/ou o crime como causa da droga.

Modelo Psicofarmacológico	A focalização nos efeitos psicofarmacológicos das substâncias para explicar a manifestação de comportamentos criminosos, durante o período de intoxicação do sujeito.
Modelo Econômico compulsivo	A focalização na necessidade de práticas delituosas, sobretudo de caráter aquisitivo, para obter meios econômicos para a obtenção das drogas de que o indivíduo é dependente.
Modelo Sistêmico	A focalização na violência presente nos mercados ilegais de drogas, como explicação dos comportamentos agressivos e criminosos dos seus frequentadores.
Modelo Tripartido	O modelo transitivo que, sendo determinista, quebra com a focalização num só fator, adotando a conciliação (e ação simultânea) dos fatores apontados pelos modelos anteriores.

Modelos Estruturalistas – correlação com características intrínsecas

Abordagens que se dedicam à análise de aspectos individuais, geralmente intrínsecos, como forma de procurar, na estrutura do sujeito, os elementos subjacentes a estes dois comportamentos simultâneos.

Estabelecimento de condições que estabelecem os limites do toxicodependente, como potencial delinquente e como possível vítima de crime. A reunião de elementos que possibilitem passar a uma abordagem mais compreensiva.

Crime e Drogas

Capítulo IV – Entre crime e drogas: os processos

Sinopse do capítulo

Após as primeiras tentativas de explicação do fenômeno *drug-crime link*, em que se perseguiu a ideia de que um comportamento estaria na origem do outro, sob uma perspectiva causal, chegou o momento de romper com esta modalidade de pensamento, através da apresentação de uma nova visão em que se reconhece a ligação estreita entre as duas condutas, mas negando a existência de relações de causa-efeito para se pensar em termos dos aspectos estruturais que afetem as pessoas no sentido da instalação mais ou menos simultânea dos dois comportamentos problemáticos.

Ora, sendo as primeiras abordagens fundamentais para o conhecimento do problema, a verdade é que levaram à conclusão de que tal ligação droga-crime não pode ter uma explicação única, baseada num sentido positivista ou ancorada em elementos estruturais individuais. Por isso, a ideia da explicação do fenômeno começou a ser abandonada, para considerar a ideia da compreensão do processo que leva o sujeito a aderir e a desenvolver este tipo de funcionamento mental, emocional e comportamental, num registro único como é o do criminoso toxicodependente. É sobre este novo olhar que se focaliza este último capítulo, com a apresentação de algumas das mais recentes investigações e dos mais avançados modelos a respeito deste complexo fenômeno.

4.1. As últimas hipóteses

Deixando para trás a busca de uma relação causal, em que se colocou a hipótese de que as drogas seriam a causa da posterior adesão ao crime e, numa perspectiva de hipótese causal invertida, poderia ser o crime a causa do ulterior consumo de drogas, também acabou por se rejeitar a ideia de que, não havendo relações de causa-efeito, haveria um conjunto de fatores individuais e estruturais que estariam subjacentes ao desenvolvimento de uma, de outra, ou de ambas as condutas problemáticas.

Muito embora reconhecendo o muito que foi aprendido a este respeito com aqueles primeiros estudos e modelos, sentiu-se claramente a necessidade de olhar o problema sob um ponto de vista compreensivo, no sentido sociológico introduzido por Max Weber, ao salientar que os processos sociais devem ser analisados com vista à sua captura da lógica social, com focalização na "racionalidade dos sujeitos" (Guerra, 2006). Efetivamente, assume-se aqui a necessidade de análises sem quaisquer pretensões explicativas baseadas na causalidade. Uma tal abordagem, de ordem causal, seria evidentemente redutora. Entretanto, é possível uma "compreensão explicativa" que procure alcançar/apreender o "contexto significativo" das ações ou, claro está, a edificação de uma interpretação do sentido ou do "contexto significativo" a respeito de um qualquer fenômeno social. O plano social é, precisamente, o campo propício à compreensão do comportamento dos indivíduos (Weber, 2005). Não se trata de saber o porquê de uma tal conduta, mas sim de compreender como essa conduta se instalou e se desenvolveu naquele indivíduo, e como ele se sente como parte do grupo que exterioriza esse(s) comportamento(s).

Na verdade, o tema, longe de estar esgotado, requer novas visões e abordagens, sendo alvo de estudos muito recentes, que focalizam a relação entre o consumo e a participação criminosa no tráfico (Feffermann, 2013), o uso de drogas com fins criminosos muito diversificados (Gains & Kremling, 2014) e do qual fazem parte o delito aquisitivo e outros cuja tipologia vem sendo investigada justamente para atender sua relação com diferentes tipos de drogas (Pierce et al., 2015). As análises prosseguem, mas, na verdade, as variáveis são mutantes, levando a novas configurações da relação entre drogas e crime. Por exemplo, as motivações dos jovens consumidores de hoje são diversas daquelas dos toxicodependentes do final do século passado. As drogas atualmente mais consumidas são muito diferentes das usadas há duas décadas; os custos das substâncias, especialmente das sintéticas tão procuradas nas festas (*rave parties*), são significativamente diferentes das ingeridas antes e, note-se, tais drogas sintéticas conduzem a diferentes efeitos e levam a díspares formas criminais, em espaços de consumo que divergem também dos anteriormente frequentados por potenciais consumidores. Podemos acrescentar: as circunstâncias, sociais e culturais, em que se enquadra o fenômeno, são igualmente diferentes das que contextualizavam o problema no passado.

Então, os estudos devem prosseguir, os modelos precisaram ser adaptados e complementados para se adequarem à atualidade. Os pesquisadores devem perseguir outros objetivos, e os especialistas que agem no terreno devem pautar por novas diretrizes teóricas e caminhar por inovadoras linhas orientadoras (*guidelines*). Essas linhas orientadoras, evidentemente, devem atender ao mais profundo conhecimento do problema, nas suas bases conceituais e nas suas mais recentes configurações. Por isso, importa prosseguir com alguns dos conceitos básicos, decorrentes das análises desenvolvidas e, sobretudo, edificados com as abordagens de ponta acerca do problema.

4.2. A "construção" do designado especialista droga-crime

Na verdade, face às anteriores tentativas de explicação da relação droga-crime, foi possível encontrar elementos que apenas parcelarmente davam uma explicação para o fenômeno. Por exemplo, quando se refere aqui da perspectiva determinista causal, o foco central repousou sobre elementos claramente insuficientes, precisamente porque ancorados na relação de causa-efeito entre os dois comportamentos problemáticos, não tendo sido possível considerar nessas relações fatores tão importantes como os contextuais, circunstanciais e biográficos. Já nas perspectivas baseadas nas estruturas dos sujeitos, verificou-se a tendência para interpretar o problema destas duas condutas como estruturas individuais, organizadoras do funcionamento dos sujeitos, com causas que poderiam ser comuns ou diferentes para um e outro dos comportamentos em análise (Bean, 2004).

Tornou-se, portanto, inevitável que a atenção das pesquisas se fixasse, não nos resultados da coexistência e interação dessas condutas, mas no seu processo de instalação e desenvolvimento. Neste novo ponto de vista, a análise ao fenômeno apresenta um cariz processual, tendo em consideração os fatores associados às fases evolutivas da relação entre os dois comportamentos, atendendo-se aos diferentes estilos de vida que atribuem um sentido a essa evolução e, entenda-se, contextualizam tal realidade na biografia do indivíduo (Agra, 2002).

Assim, pode-se adivinhar facilmente que não se trata de avaliar a forma como esses dois comportamentos se juntam, mas antes como eles se cruzam de forma estreita, intersectando-se, já que passa a haver um espaço, um conjunto de intersecção em que apenas é possível funcionar sob a ação dos dois, e não do mero somatório (ou união) desses dois registros comportamentais (Nunes, 2011). Dito de outra forma, já não bastava avaliar a junção de consumo de drogas e práticas criminosas, sendo imperativo atender a essa nova configuração comportamental que, resultando da interseção entre os dois comportamentos, não se reduz à sua soma, pois que transcendem a essa adição. É dessa complexa configuração que emerge essa figura criminosa extraordinariamente complexa, e que se designa por especialista droga-crime.

4.2.1. Faupel – estilo de vida e carreira

Esta abordagem, de característica essencialmente processual, partiu de estudos desenvolvidos sobre o percurso existencial de um número determinado de consumidores de drogas, particularmente de heroína, com condutas delinquentes, e procura identificar as similaridades de percurso que contribuem para a definição de fases de desenvolvimento, ou, melhor dizendo, de envolvimento, dos sujeitos no estilo de vida droga-crime.

Sob esta perspectiva centrada nos processos de instalação deste perfil de funcionamento, entende-se a ligação entre droga e crime como algo que vai se formando e se fortalecendo ao longo do tempo e através da passagem por diferentes etapas ou fases de vida do sujeito, atendendo à sua trajetória desviante, à sua história e ao estilo de vida por ele adotado (Agra, 1996).

A edificação de uma carreira, segundo Agra (1996), passa por processos que envolvem a aprendizagem, principalmente, por via da observação, pelo que é imperativo que se perceba a importância de se negar a causalidade entre as duas condutas. Foi nesse sentido que Faupel desenvolveu o seu modelo, inspirado em Becker e em Goffman, assumindo a ideia de carreira com uma sequência de estágios que se manifestariam, ao longo do tempo, em diferentes configurações e sob a organização de díspares acontecimentos interligados, denotando uma certa regularidade (Maher, 1997).

Assim, e em concordância com o até aqui exposto, as regularidades e os estágios que se sucedem ao longo do tempo teriam associação com a disponibilidade da(s) droga(s), às motivações do sujeito, às aprendizagens, aos conhecimentos, às técnicas e às competências do indivíduo relativamente a práticas desviantes (Faupel, 1987; 1991). Tais elementos ou fatores potencializariam os comportamentos problemáticos, como o consumo de drogas, passando a fazer parte integrante da vida do sujeito e da sua estrutura, convertendo-se numa regularidade comportamental que contribui para a passagem a fases posteriores deste processo. É de salientar que o trabalho desenvolvido por Faupel não se limitou a averiguar as vertentes e as configurações dos comportamentos dessa população, sob uma perspectiva interativa. De fato, o investigador apresentou também uma abordagem qualitativa, que em muito contribuiu para a compreensão do fenômeno, abrindo caminho às análises focadas nas percepções e significações dos próprios indivíduos que integram estes comportamentos (Brunelle, Cousineau & Brochu, 2005). Faupel partiu da análise da biografia de 32 participantes, todos eles dependentes de heroína, e acabou, num estudo qualitativo, por concluir que a relação causal entre o consumo de drogas e as atividades delinquentes apenas se poderia revelar em certos períodos restritos de tais carreiras desviantes. No entanto, a tônica seria sempre colocada numa dinâmica não causal, mas interativa entre as duas condutas que estariam estreitamente ligadas ao longo das diferentes etapas (Faupel & Klockars, 1987).

Nesta lógica, os dois parâmetros – estrutura de vida e disponibilidade da substância – constituiriam os dois eixos que sofreriam alterações, um em função do outro, numa estreita ligação com o evoluir do quadro droga-crime (Faupel, 1987; 1991), como se pode ver no quadro seguinte.

Quadro 14. Os estágios de instalação e desenvolvimento da carreira conducente a *drug-crime link*

Modelo de Faupel
Abordagem centrada em dois elementos interativos e representados por dois eixos cartesianos – Estrutura de Vida e Disponibilidade da Substância – que acabam por formar quatro quadrantes definidores dos estágios que caracterizam este processo.

Estrutura de Vida BAIXA X Disponibilidade da Substância ALTA = *Consumo Abusivo*	Estrutura de Vida ALTA X Disponibilidade da Substância ALTA = *Consumo Regular*
Estrutura de Vida BAIXA X Disponibilidade da Substância BAIXA = *Relação Droga-Crime estabelecida* *"The Street Junkie"* (Faupel, 1987, 405)	Estrutura de Vida ALTA X Disponibilidade da Substância BAIXA = *Consumo Ocasional*

Explicando o que se encontra esquematizado no quadro anterior, cabe notar que as dimensões consideradas no modelo interagem dinâmica e permanentemente, sendo que o cruzamento de tais dimensões resulta na emergência dos quadrantes correspondentes às quatro fases pelas quais passa o desenvolvimento de carreira destes sujeitos com consumos de drogas e práticas delituosas. O modelo apresenta as suas dimensões (ou estágios) em função de dois fatores apresentados mediante um sistema de eixos cartesianos, o que lhes confere um caráter de certa forma quantitativo, muito embora tais fatores estejam impregnados de subjetividade, pois configuram variáveis qualitativas. Assim, o que é considerado como alta ou baixa Disponibilidade da Substância depende muito do indivíduo e, de igual modo, a Estrutura de Vida, apresentada como podendo ser alta ou baixa, está relacionada com as situações sociais que funcionam como pontos referenciais e reguladores da vida diária, as quais auxiliam o sujeito na regulação dos seus próprios consumos, sendo, também por isso, imbuídos de subjetividade (Faupel, 1991).

De forma mais concreta, e analisando etapa por etapa, o estágio de *Consumo Ocasional* ocorre num período de vida em que persiste a manutenção de laços sociais e de tarefas/ responsabilidades reguladoras da vida diária do sujeito, que tem pouco acesso às drogas, muito embora já ocorram experiências desviantes. Segue-se a fase de *Consumos Regulares*, em que se verifica uma espécie de especialização no delito, com obtenção de sucesso facilitador da manutenção dos consumos de drogas. Neste estágio já se constata um registro comportamental em que o indivíduo privilegia um estilo de vida desviante, em detrimento das atividades convencionais e socialmente aprovadas. Imediatamente a seguir, emerge um terceiro estado, denominado por *Consumo Abusivo*, em que drogas e delitos se unem para assumir um papel determinante na vida do sujeito, com perda de elementos da Estrutura de Vida e aumento de acesso às substâncias, verificando-se um abrupto aumento de consumos que começarão a comprometer a vida do indivíduo sob vários pontos de vista. Efetivamente, a Estrutura de Vida do indivíduo sofre uma brusca fratura, acompanhada de um agravamento dos consumos e de uma ruptura dos meios internos e externos de controle comportamental. Prepara-se, enfim, a instalação do quarto estágio, que Faupel chamou *"The Street Junkie"*, com total perda da estrutura de vida do sujeito que ingressa numa fase de total descontrole, com redução do acesso à substância e perda de todo o enquadramento e estatuto antes eventualmente conquistados, já que o indivíduo se prepara para ser verdadeiramente *outsider*, agora também em relação à própria subcultura desviante.

Apenas nesta última etapa pode ocorrer que a ligação droga-crime tenha algum caráter causal, à medida que o sujeito acaba por praticar ações delituosas, essencialmente aquisitivas, para poder aceder à(s) droga(s) de que é dependente. Este último estágio é, também, aquele em que há maior desvio, com perda total de controle, sem qualquer referência estruturadora da vida diária do sujeito que, agora sim, está disposto a violar toda e qualquer regra para obter drogas e manter os consumos (Faupel, 1991).

Após a apresentação do modelo de Faupel, várias análises e estudos (Drecun & Tow, 2014; Wikstrom & Sampson, 2003) foram realizados em torno desta ideia de construção de carreira com adoção de um estilo de vida, partindo deste modelo, para referirem, constatarem e estudarem a concomitância dos dois comportamentos e a forma como essas condutas se interligam, sempre na procura de um sentido, de uma significação e de uma intencionalidade eventualmente subjacente, quando contextualizados num determinado estilo de vida.

O estilo de vida do indivíduo é de central importância, à medida que representa o terreno ou o campo de ação do sujeito, o conjunto de influências a que o mesmo se expõe e a forma como se processa o desenvolvimento de tais comportamentos (Wikstrom & Sampson, 2003). Certamente haverá mais elementos implicados num fenômeno tão complexo como o da ligação droga-crime.

4.2.2. Agra – os estágios de desenvolvimento de um perfil

Chegados a este momento, parece inquestionável a apresentação de modelos e teorias que procurem abarcar o fenômeno sob uma perspectiva diferente, porque centrada nos processos e focalizada na percepção de como este tipo de comportamentos se instala, transforma o sujeito e ganha uma expressão que o deixa num sentimento de completo vazio existencial.

Enquadrada nesta modalidade de pensamento, encontra-se a ideia de *Formação Droga-Crime* apresentada por Agra (2002), na sequência de uma série de estudos desenvolvidos por diversos pesquisadores (Manita, 1997), que assumiram a posição de que a associação entre o consumo de drogas e o crime se revela bem mais complexa e irredutível à mera soma ou junção das características dos indivíduos que exteriorizam cada um dos dois comportamentos, separadamente.

Efetivamente, o que realmente se verifica é a emergência de características muito particulares, e que se manifestam denunciando a presença de perturbações típicas da (des)organização do pensamento destes indivíduos. Alguns exemplos dessa forma de funcionamento mental passam pela rigidez de pensamento e pela passividade cognitiva, a que se juntam as dificuldades em flexibilizar e em aceder a diferentes possibilidades interpretativas da realidade, com presença de uma clara flutuação no fluxo de pensamentos (Manita, 1998).

Ainda assim, e apesar de bem delineadas as características que ajudam a perceber esta população, a verdade é que tal caracterização se revela insuficiente para traçar uma espécie de padrão caracterizador do chamado especialista droga-crime. Como se desenvolve este modo de funcionamento mental? Como se forma uma tal constelação comportamental, cuja robustez é claramente poderosa? O que ocorre com o sujeito durante o processo de passagem de mero consumidor, ou de jovem delinquente, a especialista droga-crime?

Procuraremos respostas através da apresentação do modelo em que Agra (2002) parte do princípio de que a associação entre os dois comportamentos – consumo de drogas e práticas delituosas – não se rege por ocorrências meramente acidentais, muito embora também não evolua através de uma sequência estática e previamente determinada de acontecimentos, tratando-se basicamente de um processo muito específico que inclui transformações através de diferentes estágios, não rigidamente seguidos, mas que norteiam o evoluir do fenômeno. Assim, podemos considerar quatro estados desenvolvimentais, no sentido da formação do especialista droga-crime: primeiro, o de Expressão Operotrópica; depois, o de Circularidade Oclusiva; em seguida, o de Integração e, finalmente, o da Implosão.

Este processo de passagem pelos diferentes estados acaba por culminar na chamada Dissipação Existencial, apresentada por Agra (2002) como decorrente da observância de princípios, designados da seguinte forma: em primeiro lugar,

90   *Laura M. Nunes e Jorge Trindade*

o princípio do Não Investimento, seguindo-se-lhe o da Instabilidade para, depois, apresentar o princípio da unifinalidade, logo seguido do princípio da Evolução Fechada, também designado por Envolvimento (Cf. quadro 15).

Quadro 15. Os estágios de instalação e desenvolvimento do perfil de funcionamento do especialista droga-crime

Modelo de Agra	
Abordagem focalizada no desenvolvimento de um funcionamento específico, que se instala na sequência do desenvolvimento dos dois comportamentos – consumo de drogas e práticas criminosas – até se perceber uma constelação específica de características que tipificam o chamado especialista droga-crime.	
Formação droga-crime | Os estados	
Estados	**Breve descrição**
Expressão operotrópica	Proximidade entre consumo de drogas e práticas criminosas, sem interação significativa, mas com progressiva consolidação de um estilo de vida.
Circularidade oclusiva	Maior aproximação entre as duas condutas, que se tornam cada vez mais graves a ponto de começarem a criar uma estrutura específica. Criação de um regime circular de ocorrência dos dois comportamentos.
Integração	A circularidade fecha-se, originando a designada formação droga-crime. Essa relação funciona agora em regime fechado, não carecendo de finalidades no espaço/tempo.
Implosão	Integração completa das duas condutas, acompanhada da desintegração dos vínculos sociais e dos sentidos existenciais do indivíduo. Droga e crime limitam-se à interdependência, verificando-se, entretanto, a própria Dissipação Existencial do sujeito.
Dissipação existencial | Os princípios	
Princípios	**Breve descrição**
Do não investimento	Os recursos psicológicos, relacionais, sociais, ambientais e econômicos não são alvo de investimento.
Da instabilidade	Toda e qualquer regularidade de funcionamento psicológico e comportamental deixa de existir, numa relação ambígua e desregrada com a vida.
Da unifinalidade	A vida do sujeito está limitada à prática alternada dos dois comportamentos, sem qualquer finalidade em vista e com abandono das diferentes áreas de vida.
Da evolução fechada (envolvimento)	Desenha-se, finalmente, uma configuração droga-crime que se opõe a todo e qualquer possível desenvolvimento individual.

Procurando clarificar o que se encontra esquematizado no quadro anterior, cabe sublinhar que a estreita relação entre os dois comportamentos que dão origem a este fenômeno não se rege por uma sequência rígida e estática de estados, mas facilmente se nota que este processo não se desenvolve ao acaso nem se produz acidentalmente.

Portanto, importa sistematizar a forma genérica que traduz os estados de desenvolvimento de um tal perfil de funcionamento. De acordo com Agra (2002), a evolução processual de *Formação Droga-Crime* vai-se operando no tempo através da passagem por determinados estados que passamos a descrever:

i) **Expressão Operotrópica**

Trata-se de uma etapa em que se verifica uma proximidade crescente entre as duas condutas – consumo de drogas e práticas criminosas – de forma mais proativa que interativa, através do exercício dos comportamentos que vão consolidando um estilo de vida muito específico que funciona em torno do delito, das drogas e de ambas as condutas. Assim, começam a se desintegrar aspectos da vida do sujeito que se relacionam com o vínculo social e a sua estrutura de vida. As aprendizagens adquiridas, entretanto, acabarão por conduzir a um estilo desviante, num funcionamento que se situa entre o do toxicodependente e o do delinquente. Consequentemente, droga e crime não se associam causalmente, mas ligam-se pela aquisição de uma expressão e de um significado próprios, em que adquirem uma função comum de ativação e de exteriorização, através da concretização de um modo de ser/estar particular, por via dos comportamentos transgressivos;

ii) **Circularidade Oclusiva**

Este é o período em que o indivíduo entra num registro comportamental em que os consumos e as práticas criminosas são suficientemente graves e persistentes para formar uma estrutura dominada pelas vertentes droga/delinquência, delinquência/droga, e pela fusão de ambas, alternadamente. Os dois comportamentos tendem, neste momento, a convergir interativamente com simultânea adoção de um estilo de vida concreto e norteado por um desvio geral que oscila entre as duas condutas. Aqui, o registro comportamental e de funcionamento mental da delinquência encontra no consumo de drogas mais uma realização, evidentemente ilícita, que se ajusta ao plano de vida do sujeito, uma vez que é uma fonte de prazer. O aqui e agora na busca de um prazer imediato são os pontos referenciais, em que o estilo de funcionamento toxicodependente alcança, através das práticas criminosas, uma forma de adquirir drogas e de manter a dependência. A convergência progressivamente mais estreita de tais comportamentos subsidiará um registro comportamental de desvio geral que, por sua vez, alimentará essas duas condutas conciliadas e unificadas. Por outro lado, a *Formação Droga/Crime* acaba por ser reforçada pelo próprio meio em que o indivíduo se insere e se move, já que se trata de uma subcultura desviante. A consolidação das interações com os mercados ilegais de drogas leva a contatos com as instituições ligadas ao sistema jurídico-penal, num confronto com os valores convencionais e a adoção dos modelos ou padrões que regem aquela subcultura desviante. Entretanto, é encetada uma fase de conflito entre os próprios comportamentos e os parâmetros avaliativos dos mesmos. De fato, a *Formação Droga-Crime* já está em marcha e, a partir deste estágio, começa a se fechar um ciclo em que os dois comportamentos interagem, alimentando-se numa reciprocidade interminável porque tendencialmente circular. Fecha-se um ciclo de ação/retroação, encerra-se o movimento no sentido do desvio geral, sendo que o indivíduo vive num meio externo impregnado da subcultura droga-crime e num meio interno desorganizado e conflituoso.

iii) **Integração**

Este é o momento do fecho da circularidade, construindo-se a *Formação Droga-Crime*. A associação dos dois comportamentos, agora em regime fechado, já não carece de finalidades situadas no espaço ou no tempo, já não persegue qualquer objetivo e já não tem o mesmo sentido inicial, uma vez que esse ciclo existe no aqui e agora, sem possibilidade de projeção no futuro e sem recursos para o recuo ao passado. A interação circular dos dois comportamentos conduziu a um funcionamento único, diferente do toxicodependente e do delinquente, uma vez que droga e delito se constituem como partes solidamente integradas, indiferenciadas, indissociáveis e a caminho do esvaziamento existencial do sujeito. Essa integração se traduz a vários níveis e revela-se por diversos sinais. Em termos dos objetivos de vida, a maioria deles anulou-se pelo consumo problemático de substâncias e, ao nível comportamental, apenas se concretiza essa rotatividade alternada, constante e imparável entre consumo, delinquência, prisão, consumo, perpetuamente repetidos.

iv) **Implosão**

Neste último estado, a integração das duas condutas já se tornou concreta e a desintegração dos vínculos sociais se agudizou, num movimento do sujeito em direção à perda dos sentidos da própria existência. Droga e crime despiram-se do significado inicial, estando agora limitados à ideia de dependência e interação mútuas, numa reciprocidade fechada e sem lugar para outros domínios ou áreas de vida. O poder das substâncias impera sobre o indivíduo cujo plano de vida se extinguiu, se consumiu, e cuja existência se reduziu ao perpétuo mecanismo dos dois comportamentos. Neste processo, a complexidade interna do indivíduo se tornou reduzida, perdeu o adquirido no passado e não tem capacidade para se projetar no futuro. Droga e crime fundem-se e consomem todos os aspectos, recursos e áreas de vida do sujeito, incorporam-se e confundem-se, integrando indiferenciadamente uma entidade de desvio diferente, em que se perderam a lógica e a finalidade da vida, através de uma eterna rotatividade que se tornou mecânica e sem ponto de partida ou de chegada. Trata-se da *Formação Droga-Crime* que acaba por assumir uma existência própria, dominando o sujeito que padeceu da dissipação da sua própria existência, para dar lugar à obediência a esta nova entidade dominante. Uma tal dissipação da existência do sujeito passa pelo processo regido por quatro princípios, também apresentados por Agra (2002), tal como segue:

a) *O princípio do não investimento*

Os recursos psicológicos, relacionais, sociais, ambientais, culturais e econômicos não são investidos no âmbito de uma vida convencional que deixou de estar presente na vida do sujeito. Não há um investimento em projetos de vida, não se apresenta a possibilidade de revisitação do passado, constatando-se não o investimento e o consumo da própria existência.

b) *O princípio da instabilidade*

Não havendo uma regularidade de funcionamento psicológico e comportamental, a relação destes sujeitos com a vida é ambígua e oscilante, em que se extingue a existência do indivíduo que deixou que se consumisse a própria personalidade e o plano de vida.

c) *O princípio da unifinalidade*

Este é o princípio em que o sujeito está fechado e circunscrito à exteriorização alternada das duas condutas, abandonando todas as múltiplas possibilidades de vida, com desvanecimento das próprias finalidades de consumos e delitos, numa voracidade de interdependência fechada e inquebrantável dessas duas condutas.

d) *O princípio da evolução fechada ou do envolvimento*

É chegado o momento em que o indivíduo cai num estado de configuração droga-crime oposta a todo e qualquer desenvolvimento, não se verificando, portanto, o desenvolvimento e/ou a atualização das potencialidades antes presentes no sujeito. Pelo contrário, acaba por se verificar um retrocesso desenvolvimental, com perda de potenciais que, em estado latente, aguardavam um desenvolvimento e uma estimulação que não chegou a se processar. Por outro lado, o que havia já sido desenvolvido, perde-se na voracidade droga-crime, que não deixa lugar para mais nada. É, de fato, o envolvimento (e não o desenvolvimento), num crescendo que vai alimentando um ciclo fechado e, consequentemente, incapaz de reter outras finalidades que não as próprias ações em si. Tudo se dissipou, tudo se extinguiu, tudo se consumiu e tudo se destruiu. Ficaram a droga e o crime.

4.3. Os estilos: toxicômano, delinquente e especialista droga-crime

Após a apresentação dos modelos teóricos que procuram expor uma abordagem que favoreça o melhor conhecimento do fenômeno, é o momento de apresentar as figuras desviantes nele implicadas, através da sua caracterização e da diferenciação entre elas. Por isso, dentro deste ponto, iremos apresentar os estilos conhecidos por Toxicômano, Delinquente e Droga-Crime, com ênfase no conhecimento mais pormenorizado do último estilo, já que é sobre ele que se debruça este livro.

Assim sendo, vamos começar pela referência a variados fatores que, no registro comportamental desviante, irão guiando o indivíduo em diferentes sentidos e direções, originando díspares tipos de figuras desviantes. Começando pelo *Estilo Toxicômano*, ele é caracterizado geralmente por revelar um estado emocional de elevado sofrimento, frequentemente associado à desorganização do pensamento e a uma relação com o meio imbuída de "irrealismo". Trata-se do sujeito que, embora globalmente indiferente aos valores humanitários e convenções tradicionais, não revela negativismo relativamente aos demais, nem a valores e a convenções. Opostamente a este estilo, o *Delinquente* caracteriza-se mais por um pensamento simplista e por uma atitude reativa, face à complexidade do meio, recorrendo a estratégias e modalidades comportamentais que denunciam um exacerbado egocentrismo. Este *Estilo Deliquente* apresenta uma desvinculação muito marcada em relação ao sistema normativo, evidenciando negativismo social, com frequente hostilidade face aos outros e aos valores humanitários e convenções tradicionais, num registro de funcionamento de tendencial isolamento social e de insensibilidade em relação aos valores humanitários e morais (Manita, 1997).

No que diz respeito ao *Estilo Droga-Crime*, podemos afirmar que se trata de uma configuração específica e não resultante da junção simples dos dois estilos anteriormente apresentados, constituindo um estilo que emerge com particularidades inigualáveis (Manita, 1998), em que o indivíduo se caracteriza pelo estabelecimento de relações de ambiguidade com o exterior, tratando-se de uma figura desviante muitíssimo problemática. Ao nível dos processos neuroemocionais, o *Estilo Droga-Crime* tende a aproximar-se do *Estilo Delinquente* e, ao nível dos processos de pensamento, assemelha-se ao do *Estilo Toxicômano* (Queirós, 1997).

O *Estilo Droga-Crime* apresenta-se num estado de anomia interna que resulta num comportamento oscilante entre a passividade e a ação, em função de acontecimentos e circunstâncias não controladas pelo indivíduo, moldadas pelo funcionamento irregular dos mercados e dos espaços ilegais de transações de drogas. Assim sendo, o chamado *Especialista Droga-Crime* apresenta-se num movimento de grande oscilação entre os sentidos a que é obrigado pelo seu estilo de vida externamente determinado, pautado por irregularidade, instabilidade e imprevisibilidade. Não obstante, esse estilo é adotado por indivíduos que parecem procurar manter essas dependências relativamente ao mundo exterior, face ao que não é por eles controlável, num ritmo de tempos e de espaços absolutamente imprevistos e vividos de forma tão incerta quanto intensa. Nos seus percursos de vida, é notória a persistente procura por manifestações desviantes, através da exteriorização de uma gama diversificada de desvios, que se traduzem, depois, em múltiplos comportamentos transgressivos, descontínuos, e que mantêm uma perpétua repetição das experiências típicas da adolescência (Agra, 2002).

Em termos de funcionamento global do *Especialista Droga-Crime*, há estudos (Nunes, 2011a) que apontam para uma tendência clara de um estilo relacional que se pauta por um padrão essencialmente de evitação, numa vertente em que o sujeito rejeita qualquer tentativa de compromisso afetivamente investido, estando mais interessado no estabelecimento de relações instrumentais, que sirvam aos propósitos e aos interesses por ele privilegiados. Pode-se mesmo afirmar que estes indivíduos parecem evidenciar um certo desconforto com a proximidade dos outros, não estando na disposição de confiar no outro e, acrescente-se, sentindo-se incomodados com a aproximação "excessiva" de quem deles pretenda ter alguma atenção em termos afetivos, obedecendo a um padrão de vinculação predominante identificado como evitante.

No que diz respeito à análise biográfica, foram identificadas regularidades, muito frequentes em indivíduos considerados como especialistas droga-crime, destacando-se um deficitário processo de socialização com particularidades favorecedoras do desenvolvimento de problemas comportamentais, uma infância sem ou com pouca supervisão, com ausência de um código de normas a ser respeitado, num registro relacional com as figuras parentais que foi se revelando distante e conflituoso, com prevalência de um estilo educativo negligente. No que concerne à segunda grande instância de socialização, a escola aparece desde cedo como pouco atrativa, não tendo cumprido um papel favorecedor do estabelecimento de relações satisfatórias e de um desenvolvimento adequado, verificando-se o frequente e precoce afastamento dos indivíduos relativamente à escola e às tarefas a ela associadas. Aliás, o período de adolescência acabou por se revelar tão ou mais problemático que a infância, com um agravamento dos problemas relacionais com as figuras parentais, acrescido de condutas precoces muito problemáticas, como o consumo cada vez mais grave de drogas, a par de outras condutas antissociais e até mesmo delituosas, verificando-se algum tipo de contato com o sistema de justiça.

Assim, podemos referir que, em termos do funcionamento global destes sujeitos, constatou-se a identificação de um estilo interpessoal predominantemente evitante, com certeza contributivo para a maneira como estes indivíduos foram edificando a sua própria história. De acordo com Nunes (2011a), as regularidades biográficas assinaladas desde cedo parecem ter concorrido para o desenvolvimento e a instalação de certas caraterísticas que, por seu turno, contribuíram para a instalação e o desenvolvimento de um funcionamento de especialista droga-crime. Haveria, nestes casos, uma influência das circunstâncias precoces de vida sobre os traços de funcionamento que, por sua vez, afetaram o percurso posteriormente traçado, como se tratasse de um ciclo inquebrantável. Foram reunidas as condições para um funcionamento de desconfiança relativamente aos afetos que, evidentemente, não foram investidos, gerando uma tendência para as relações meramente instrumentais e de oportunidade.

O desinvestimento aqui realçado não se verifica apenas em termos afetivos ou emocionais, mas também está presente nos níveis acadêmico e profissional, bem como em termos sociais e culturais. Importa o momento vivido no aqui e agora, num claro abandono de si mesmo e do que poderia ter interessado a este sujeito no passado, havendo lugar apenas para a voracidade rotativa dos dois comportamentos problemáticos em que passa a se traduzir a vida destas pessoas. A vinculação (ou melhor, a ausência de capacidade de estabelecimento de vínculos afetivos) ocupa um papel de central importância, contribuindo de forma muito marcada para a instalação e a consolidação de uma estrutura de personalidade organizada em uma especificidade: a do *Especialista Droga-Crime*.

Nota final

Após constatação de que, sendo todas as abordagens importantes enquanto contributos para um maior conhecimento a respeito do tema, revelou-se o imperativo de lançar um olhar mais centrado nos processos psíquicos a fim de melhor captar o funcionamento do especialista droga-crime. Nesse momento apresentamos algumas das leituras interpretativas, perspectivadas no processo de instalação e desenvolvimento de um tal padrão de comportamento.

Assim, destacamos a abordagem de Faupel, focalizada nas fases de desenvolvimento de carreira desviante, mais especificamente na progressiva instalação de um estilo de vida específico, centrado nas questões da relação droga-crime mediante o cruzamento de duas dimensões: a) Estrutura de Vida; e b) Disponibilidade da Substância – de que resultariam os quatro quadrantes representativos dos estágios do processo. Em seguida, passamos à apresentação dos quatro estados de desenvolvimento e Formação Droga-Crime, acompanhado da dissipação existencial que, segundo Agra, verifica-se em obediência a quatro grandes princípios.

Concluída a apresentação de tais conceitualizações, foi o momento de caracterizar o chamado *Especialista Droga-Crime*, por oposição aos estilos *Delinquente* e *Toxicômano*.

Capítulo V – O uso e a dependência de drogas perante a lei do Brasil

A droga amedronta, não pelo que representa, mas pelo que veicula.

Sinopse do capítulo

A relação droga-crime/crime-droga, como vimos nos capítulos anteriores, constitui um tema sempre atual e até o momento não suficientemente esclarecida. A trajetória da droga ao crime e do crime à droga implica percorrer caminhos intrincados, tanto sob a ótica da psicologia e da criminologia, quanto da lei e do direito.

A relação droga-crime/crime-droga pode ser desenvolvida de um termo ao outro e vice-versa:

Do crime à droga ou crime pela droga: quando o sujeito é usuário ou dependente e pratica o crime para obtenção da droga ou para a manutenção da dependência;

Da droga ao crime ou droga pelo crime: quando o agente é traficante e, por pressão, obriga o usuário ou o dependente a praticar um crime para liberar ou garantir a manutenção do consumo.

Neste capítulo, vamos tratar do sujeito usuário e dependente frente à lei penal.

5.1. Medidas socioeducativas

Inicialmente é importante assinalar que, a partir de 2006, com o advento da denominada Lei Antidrogas,[1] os usuários

---

[1] Optamos utilizar a expressão Lei Antidrogas para ressaltar que essa lei institui o Sistema Nacional de Políticas Públicas sobre Drogas; prescreve as medidas para pre-

e dependentes de drogas, no Brasil, passaram a possuir um novo tratamento jurídico-penal. Diversamente de como os considerava o artigo 16 da Lei nº 6.368/76 – que reprimia com uma pena de detenção de seis meses a dois anos, além do pagamento de multa, o sujeito que adquirisse, guardasse ou trouxesse consigo, para uso próprio, substância entorpecente ou que determine dependência física ou psíquica, sem autorização ou em desacordo com a determinação legal ou regulamentar – o artigo 28 da Lei nº 11.343 prescreve apenas medidas alternativas.

A atual lei antidrogas deixou de prever uma pena de natureza corporal para o usuário e para o dependente, que passaram a ser considerados sujeitos que necessitam de cuidados especiais, e, portanto, somente alcançados por medidas alternativas, quais sejam:

    i) advertência sobre os efeitos das drogas

    ii) prestação de serviços à comunidade

    iii) medida educativa de comparecimento a programa ou curso educativo.

Essa visão legislativa, que denota uma intenção claramente socializadora e antipunitiva, tem permitido críticas e considerações acerca de uma pretensa descriminalização "formal", embora a droga para uso próprio não tenha sido legalizada. Nem poderia, pois o Brasil é signatário de convenções internacionais que proíbem a eliminação desse delito, como, por exemplo, da Convenção Contra o Tráfico Ilícito de Entorpecentes e Substâncias Psicotrópicas, concluída em Viena (1988), e incorporada no ordenamento jurídico brasileiro através do Decreto 154, de 26 de junho de 1991.

5.2. Uso de drogas e dependência

A Organização Mundial da Saúde descartou o uso dos termos toxicomania, hábito e entorpecentes devido à carga semiótica agregada que estas expressões incorporaram ao

---

venção e do uso indevido, atenção e reinserção social de usuários e dependentes de drogas; estabeleceu normas para repressão à produção não autorizada e ao tráfico ilícito de drogas e define crimes.

longo do tempo, razão pela qual a lei antidrogas adotou as noções uso e dependência.

Para compreendermos a terminologia utilizada pela lei – usuário de drogas e dependente – impende estabelecer a distinção entre essas duas condições. Usuário de drogas é considerado aquele que consome drogas com intuito recreativo. Dependente, ou toxicodependente, é a expressão reservada para aquela pessoa que, em decorrência do uso ou em razão de sua ausência, encontra-se em situação de sofrimento psíquico. Para este, a droga se torna não apenas a única fonte de prazer, mas de um tipo de prazer que se tornou uma verdadeira necessidade. O dependente é um sujeito capturado pela falta, pois, como diz Olievenstein (1991),[2] "o que há de temível na droga, é a instantaneidade da unidade no êxtase e no prazer".

O Manual diagnóstico estatístico de transtornos mentais (DSM-5)[3] da American Psychiatric Association (2014, p. 483) estabelece critérios objetivos para diferenciar os transtornos relacionados a substâncias, sendo que a característica essencial consiste na presença de um agrupamento de sintomas cognitivos, comportamentais e fisiológicos, indicando o uso contínuo pelo indivíduo, apesar de problemas significativos relacionados à substância. Uma das alterações importantes ocorre nos circuitos cerebrais que pode persistir após a desintoxicação e frequentemente aparece nas recaídas e na fissura intensa por drogas quando os indivíduos são expostos a estímulos a elas relacionados.

A Classificação dos Transtornos Mentais e do Comportamento da CID-10 (Organização Mundial de Saúde, 1993) não faz diferenciação entre usuário e dependente. Entretanto, numa perspectiva predominantemente clínica, estabelece diferença entre o que denomina síndrome de dependência e estado de abstinência. Define síndrome de dependência como um conjunto de fenômenos fisiológicos, comportamentais e cognitivos, no qual o uso de uma substância ou uma classe de substâncias alcança uma prioridade muito maior para um determinado indivíduo, e que se caracteriza pelo desejo,

---

[2] OLIEVENSTEIN, Claude. *Toxicomania e destino do homem*. In: Bergeret, Jean e Leblanc, Jean. Toxicomanias: uma visão multidisciplinar. Porto Alegre: Artmed, 1991, p. 262.

[3] DSM-5. *Manual diagnóstico e estatístico de transtornos mentais*. American Psychiatric Association. Porto Alegre: Artmed, 2014, p. 483 e seguintes.

frequentemente forte, algumas vezes irresistível, de consumir drogas psicoativas (p. 74).[4] Esse forte desejo de consumir uma substância vem acompanhado pela pouca capacidade de limitar o seu consumo. De outro lado, conceitua o estado de abstinência como 'um conjunto de sintomas, de agrupamento e gravidade variáveis, ocorrendo em abstinência absoluta ou relativa de uma substância, após uso repetido e usualmente prolongado e/ou uso de altas doses daquela substância" (p. 76).[5] Dito de outra forma, por abstinência entende-se o conjunto de sintomas que se desenvolve após a cessação ou redução do consumo prolongado e pesado de uma substância (VandenBos, 2010, p. 24).[6]

Podemos referir ainda a questão da tolerância, que é uma característica da dependência de substâncias, na qual o indivíduo se torna cada vez menos sensível a elas, exigindo doses mais altas para obter seu efeito inicial (Lambert & Kinsley, 2006, p. 294).[7]

A literatura sobre o assunto costuma identificar três diagnósticos principais em relação às drogas. O primeiro é a dependência de substância, que ocorre quando o indivíduo necessita usar a droga para evitar o desenvolvimento da tolerância e os sintomas de abstinência. O segundo diagnóstico é o de abuso de substância, que é estabelecido para um indivíduo que não é dependente, mas o uso repetido conduz a sérios prejuízos no funcionamento individual, social ou laboral. O terceiro diagnóstico é o denominado transtorno induzido por substância, que acontece quando o indivíduo desenvolve sintomas psicológicos, como alucinações e delírios, após ingerir uma quantidade excessiva de uma droga (Holmes, 1997, p. 384).[8]

Impende ressaltar que "os fatores mais importantes para a análise dos comprometimentos causados pelas diferentes

---

[4] Classificação dos Transtornos Mentais e do Comportamento da CID-10. Porto Alegre: Artmed, 1993, p. 74.

[5] Classificação dos Transtornos Mentais e do Comportamento da CID-10. Porto Alegre: Artmed, 1993, p. 76.

[6] VANDENBOS, Gary. R. *Dicionário de Psicologia*. American Psychological Association. Porto Alegre, Artmed, 2010, p. 24.

[7] LAMBERT, Kelly e KINSLEY, Craig Howard. *Neurociência clínica*. Porto Alegre: Artmed, 2006, p, 294.

[8] HOLMES, David S. *Psicologia dos Transtornos Mentais*. Porto Alegre: Artmed, 1977.

Crime e Drogas

drogas são: tipos de drogas, tempo de uso, tipo de consumo – se agudo (única dose), eventual (esporádico), subagudo (repetidamente em dias diferentes) ou crônico, aqui chamado de dependência (período prolongado) – e quantidade usada (Garcia, Moreira & Assumpção, 2014, p. 242).[9] Cumpre sublinhar que, do ponto de vista legal, a diferenciação é feita apenas entre o usuário e o dependente de drogas.

Assim, a Lei nº 11.343/2006 refere-se ao usuário de drogas e ao dependente, equiparando-os para todos os efeitos. Para a lei, essas duas condições merecem o mesmo tratamento. Assim, tanto aquele que faz uso da substância ilícita como aquele que dela é dependente são passíveis de medidas alternativas, e não de pena privativa de liberdade.

A crítica jurídica que se costuma fazer a essa abordagem consiste em questionar qual o bem jurídico que está sendo protegido no caso do sujeito usuário de drogas. A resposta, com certeza, haveria de ser a "saúde pública", quando, na realidade, o que está em cena é apenas a integridade física/ emocional do usuário, não havendo como identificar qualquer ofensa à saúde pública uma vez que, quanto a ela, não se concretiza uma lesividade objetiva.

De qualquer sorte há outros entendimentos. Por exemplo, Tieghi (2016, p. 491)[10] assinala que o abuso e a dependência de substâncias são criminalmente significativos porque associados comumente com efeitos condutuais desadaptativos ou estilos de vida contraculturais e, em certos casos, com conduta violenta e criminosa, considerando ambas as condutas como uso patológico.

5.3. Abordagens para coibir o uso de drogas

Diversos são os fatores que influenciam a predisposição e a suscetibilidade de uma pessoa para o uso de drogas. Por esta razão não existe uma única abordagem, pois se trata de

---

[9] GARCIA, Frederico; Moreira, Lafaiete; Assumpção, Alessandra. *Neuropsicologia das dependências químicas*. In: Fuentes, Daniel; Malloy-Diniz, Leandro F.; Camargo, Candida Helena Pires de; Cosenza, Ramon, M. (Organizadores). Neuropsicologia. Teoria e prática. Porto Alegre: Artmed, 2014, p. 242.

[10] TIEGHI, Osvaldo N. *Tratado de criminologia*. Buenos Aires: 20XII Grupo Editorial, 2016, p. 491.

uma condição muito complexa e para a qual concorrem inúmeros fatores.

De uma forma geral, podemos referir quatro grandes abordagens para o problema do uso de drogas e da dependência, que são:

i) eliminar a disponibilidade;

ii) aplicação de penas severas;

iii) legalização do uso de drogas;

iv) tratamento psicológico e fisiológico, com reeducação e ressocialização.

Dentro desse leque de abordagens, a Lei nº 11.343/2006, consentânea com a tendência internacional, adotou a via do tratamento, optando – para o usuário e para o dependente de drogas – uma postura voltada para a reeducação e para a ressocialização, não havendo possibilidade de se aplicar a eles uma pena privativa de liberdade. Para eles a lei não elegeu as penas severas, mas as medidas mais brandas, voltadas para a reeducação e ressocialização.

Trata-se, portanto, de uma questão de política criminal que reservou para o traficante as imposições penais do sistema de justiça, atribuindo ao usuário e ao dependente de droga uma abordagem reparadora no sentido de criar um sistema destinado à sua reeducação e ressocialização.

Entretanto, essa leitura não é isenta de críticas. Como bem assevera Salo de Carvalho (2016, p. 190),[11] no caso brasileiro, a Lei 11.343/06, apesar de insinuar intervenções redutoras, prevê medidas descaracterizantes que acabam sendo consumidas pela lógica da punitividade, fato que propicia identificar na base argumentativa da nova lei a política de redução de danos, mas sua instrumentalização reforça a lógica repressiva.

De fato, a lei antidrogas (Lei nº 11.343/06) persiste em punir o usuário de drogas, pois o uso continua sendo considerado crime, embora essa punição não possua característica prisional.

Se a lei antidrogas apresenta ou não uma dimensão repressiva contra o sujeito que consome drogas é uma discus-

---

[11] Carvalho, Salo de. *A política Criminal de drogas no Brasil. Estudo criminológico e dogmático da Lei 11.343/06*. São Paulo: Editora Saraiva, 2016, p. 190.

Crime e Drogas

são que suscita críticas, principalmente por parte daqueles que entendem que isso pode favorecer o consumo e colaborar com a impunidade, uma vez que o traficante buscará se apresentar como se usuário fosse para fugir das severas consequências penais que a lei hoje lhe impõe.

A verdade é que não se pode contar que a intimidação que provém da pena privativa de liberdade produza qualquer efeito regenerador em uma pessoa usuária ou dependente de droga. Acima de tudo porque a força da dependência é mais forte e seguramente mais intimidativa que a própria punição legal (Dias, 1979, p. 105).[12]

Até porque, no que tange ao castigo, predomina um generalizado ceticismo quanto à sua idoneidade e à sua efetividade preventiva geral, pois, cada vez mais, chega-se à conclusão de que a ameaça da pena não só não promove a mudança nem a modificação da conduta do infrator potencial, como acrescenta problemas adicionais em lugar de alcançar aquilo que ele necessita para evitar o delito, instrução, auxílio e oportunidades sociais (García-Pablos, 2014, p. 992-993).[13]

5.4. Tipos de prevenção

Todas as escolas criminológicas referem-se à prevenção do delito, pois não basta reprimir o crime, sendo necessário se antecipar a ele com o intuito de evitá-lo. Entretanto, há de se ter cuidado para que essa proposta não seja vazia de conteúdo (García-Pablos, 2014, p. 962).[14]

Impende referir que existem três tipos de medidas para prevenir o uso de drogas e a dependência por ela causada. Assim podemos falar em:

> i) Prevenção primária: estabelecida no sentido de evitar que indivíduos ainda não usuários venham a ter contato com a droga;

---

[12] Amaral Dias, Carlos. *O que se mexe a parar: estudos sobre a droga*. Porto: Afrontamento, 1979, p. 105.

[13] García-Pablos de Molina Antonio. *Tratado de Criminologia*. Valencia: Tirant lo blanch, 2014, p. 992-993.

[14] Idem, p. 962.

ii) Prevenção secundária: que atinge os indivíduos que já tiveram contato com a droga e que, por isso, necessitam de cuidados para evitar a situação mórbida;

iii) Prevenção terciária: aquela que se propõe a reintegrar e a ressocializar os indivíduos atingidos pela droga e que não se beneficiaram suficientemente das medidas de prevenção secundária.

Devemos referir ainda a denominada prevenção situacional, que também pode ser aplicada à questão do uso de drogas, uma vez que se trata de aplicar medidas não penais com objetivo impedir a passagem ao ato através da alteração das circunstâncias em que delitos da mesma natureza costumam ou poderiam ser cometidos (Cusson, 2011, p. 204).[15]

Embora não se trate de um tipo de prevenção propriamente, mas de uma forma de intervenção com sujeitos usuários e/ou dependentes de drogas, cabe referir a utilização da denominada entrevista motivacional, concebida por Miller, em 1983, que consiste em um conjunto de estratégias de cunho psicológico cuja finalidade principal consiste em aumentar a motivação para a mudança. Trata-se de um modelo de intervenção breve que pode ter efeito positivo no comportamento de usuários e dependentes de drogas, uma vez que essas intervenções são de natureza essencialmente motivacional e facilitam a tomada de decisão e o compromisso para mudar. É um modelo de intervenção que se caracteriza por ser mais eficaz do que as técnicas baseadas na autoajuda, pois é fruto da existência de uma relação interpessoal que mobiliza os aspectos intrínsecos do sujeito (Negreiros, 2006, p. 523).[16]

Por fim, devemos dizer que, em relação ao uso e dependência de drogas, vale a regra segundo a qual a prevenção será tendencialmente mais exitosa quanto mais precoce for a intervenção. Referimo-nos, portanto, à prevenção primária, embora os programas de prevenção se complementem e sejam compatíveis entre si à medida que as necessidades são

---

[15] CUSSON, Maurice. *Criminologia*. Alfragide: Casa das Letras, 2011, p. 204.

[16] NEGREIROS, Jorge. *Intervenções motivacionais na toxicodependência: teoria e prática*. In: CASTRO, António Fonseca; SIMÕES, Mário R.; TABORDA, Maria C.; PINHO, Maria salomé (Eds). Psicologia forense. Coimbra: Almedina, 2006, p. 523.

Crime e Drogas   **107**

específicas a partir do momento ou do estágio em que o sujeito se encontra em relação à droga.

5.5. Descriminalização ou despenalização?

A estruturação da norma jurídico-penal permite a discussão entre descriminalização e despenalização. Pode-se dizer que as condutas previstas no artigo 28 da Lei nº 11.343/06 não constituem crime nem contravenção porque a sua parte sancionatória não contempla a definição estabelecida no artigo 1º da Lei de Introdução do Código Penal, que conceitua crime como a infração penal a que a lei comina pena de reclusão ou detenção, seja isolada, alternativa ou cumulativamente com a sanção de multa, enquanto a contravenção penal é retratada como infração a que a lei comina, isoladamente, pena de prisão simples ou de multa, ou ambas, alternativa ou cumulativamente.

O uso de droga para consumo pessoal, portanto, não poderia ser tecnicamente classificado como crime nem como contravenção, mas uma infração *sui generis*. Entretanto, como pode se verificar, o Capítulo III, do Título III, da Lei Antidrogas, está nomeado como: Dos crimes e das penas, deixando claro que as infrações ali previstas continuam tendo um caráter criminal, isto é, constituem tipos penais.

Assim, a disposição das condutas relativas ao consumo pessoal de drogas, conforme a Lei nº 11.343/06, sugere o entendimento de que o artigo 28 continua sendo um tipo no sentido penal, independentemente do que dispõe o art. 1º da Lei de Introdução ao Código Penal.

A conduta do uso de drogas pode ser considerada uma infração penal inominada, punida com penas alternativas em virtude do ínfimo potencial ofensivo. Ao que tudo indica esse foi o sentido teleológico do legislador, que apenas conferiu ao usuário e ao dependente de drogas um tratamento mais brando no que diz respeito à pena, o que não significou descriminalização em qualquer de suas modalidades, não deixando a conduta de possuir caráter de ilícito.

A redação do art. 28 da Lei nº 11.343/06 parece configurar melhor uma situação de despenalização, pois o recurso exclusivo a penas alternativas mostra a finalidade socializadora e educativa.

Assim, a conduta anteriormente descrita no art. 16 da Lei n° 6.368/76 continua sendo crime, pois que os mesmos comportamentos estão tipificados no art. 28 da Lei n° 11.343/06. Não se trata, portanto, de uma maneira de descriminalizar a conduta do usuário e do dependente, mas de reconhecer que a pena restritiva de liberdade, nesses casos, não cumpre qualquer de suas funções, uma vez que o sujeito usuário e dependente não necessita de penas corporais, mas de um tratamento eficaz no sentido da ressocialização e da reeducação. No caso do usuário e do dependente de drogas ocorre apenas a aplicação de medidas alternativas tendentes a oferecer uma solução para a dependência, havendo, para isso, um abrandamento das penas, que passaram a possuir um caráter preventivo, de atenção e de reinserção social. Essa condição reconhece que as drogas constituem uma grave ameaça para a saúde e para o bem-estar individual e produzem efeitos sobre as bases econômicas, culturais e políticas da sociedade (Capagno, 2015, p. 128),[17] mas cria um sistema diferenciado para o usuário e dependente em relação ao traficante. A realidade mostra que os primeiros necessitam de cuidados, enquanto o último reclama uma reprimenda severa e de caráter essencialmente repressivo por parte da ordem jurídica.

A Lei n° 11.343/2006, no que tange ao consumo de drogas para uso pessoal, com ou sem dependência, foca-se em três aspectos: i) no tratamento do usuário; ii) na recuperação; e iii) na reinserção social.

Neste aspecto, a legislação brasileira caminhou no sentido de acompanhar a tendência internacional. Outros países europeus já haviam realizado reformas legislativas justamente para garantir que o usuário de drogas e o dependente não seja submetido à pena de privativa de liberdade. Assim sucedeu com Portugal, através da Lei n° 30/2000; e igualmente com a Itália (1990) e com a Espanha (1992).

A propósito do movimento de descriminalização é importante lembrar o ensinamento de Dias e Andrade (1984, p.

---

[17] CAPAGNO, Evandro Fabiani. *Legislação Penal Especial*. São Paulo: Revista dos Tribunais, 2015, p. 128.

Crime e Drogas

414),[18] uma vez que "vai de encontro à reivindicação de *law and order*, instante nas sociedades contemporâneas, cada vez mais inseguras na construção da realidade que lhes serve de fundamento. Nem falta, por via de regra, o moral entre pireneus empenhados em explorar a identificação fácil entre descriminalização e sancionamento oficial do 'imoral' e da desagregação social".

A advertência que formulam Dias e Andrade (1984, p. 417) mostra que os ventos que sopram, ora a favor, ora contrariamente, à descriminalização, "não sopram sempre com a mesma intensidade, nem em relação às mesmas áreas de comportamento penalmente controlado".

Mesmo assente o caráter disfuncional da criminalização do uso de drogas, há a necessidade de uma permanente vigilância epistemológica aos modelos alternativos, principalmente de cunho terapêutico, que devem se realizar "à margem de instituições totais, de eficácia estigmatizante e conformadora de autoimagens de *deviance* (Dias e Andrade, 1984, p. 425).

5.6. Uma lei de prevenção?

Na realidade, a Lei n° 11.343/2006, já em suas Disposições Preliminares, deixa expresso, através do seu art. 1° que: "Esta Lei institui o Sistema Nacional de Políticas Públicas sobre Drogas – Sisnad; prescreve medidas para prevenção do uso indevido, atenção e reinserção social de usuários e dependentes de drogas; estabelece normas para repressão à produção não autorizada e ao tráfico ilícito de drogas e define crimes".

Neste sentido, ao tratar, no Título II, do Sistema Nacional de Políticas Públicas sobre Drogas, em seu art. 3°, refere que:

O Sisnad tem a finalidade de articular, integrar, organizar e coordenar as atividades relacionadas com:
I – a prevenção do uso indevido, a atenção e a reinserção social de usuários e dependentes de drogas;
II – a repressão da produção não autorizada e do tráfico ilícito de drogas.

---

[18] DIAS, Jorge Figueiredo; Andrade, Manuel da Costa. *Criminologia. O homem delinquent e a sociedde criminógena*. Coimbra: Coimbra Editora Limitada, 1984, p. 414.

Como se pode observar, o Sistema Nacional de Políticas Públicas sobre Drogas opera através de normas programáticas estabelecidas no art. 4º da Lei nº 11.343/2006. Ao tratar dos princípios e dos objetivos do Sistema Nacional de Políticas Públicas sobre Drogas, assinala que:

Art. 4º São princípios do Sisnad:

I – o respeito aos direitos fundamentais da pessoa humana, especialmente quanto à sua autonomia e à sua liberdade;

II – o respeito à diversidade e às especificidades populacionais existentes;

III – a promoção dos valores éticos, culturais e de cidadania do povo brasileiro, reconhecendo-os como fatores de proteção para o uso indevido de drogas e outros comportamentos correlacionados;

IV – a promoção de consensos nacionais, de ampla participação social, para o estabelecimento dos fundamentos e estratégias do Sisnad;

V – a promoção da responsabilidade compartilhada entre Estado e Sociedade, reconhecendo a importância da participação social nas atividades do Sisnad;

VI – o reconhecimento da intersetorialidade dos fatores correlacionados com o uso indevido de drogas, com a sua produção não autorizada e o seu tráfico ilícito;

VII – a integração das estratégias nacionais e internacionais de prevenção do uso indevido, atenção e reinserção social de usuários e dependentes de drogas e de repressão à sua produção não autorizada e ao seu tráfico ilícito;

VIII – a articulação com os órgãos do Ministério Público e dos Poderes Legislativo e Judiciário visando à cooperação mútua nas atividades do Sisnad;

IX – a adoção de abordagem multidisciplinar que reconheça a interdependência e a natureza complementar das atividades de prevenção do uso indevido, atenção e reinserção social de usuários e dependentes de drogas, repressão da produção não autorizada e do tráfico ilícito de drogas;

X – a observância do equilíbrio entre as atividades de prevenção do uso indevido, atenção e reinserção social de usuários e dependentes de drogas e de repressão à sua produção não autorizada e ao seu tráfico ilícito, visando a garantir a estabilidade e o bem-estar social;

XI – a observância às orientações e normas emanadas do Conselho Nacional Antidrogas – Conad.

Por sua vez, o Art. 5º da Lei nº 11.343/2006 refere que o Sisnad tem os seguintes objetivos:

I – contribuir para a inclusão social do cidadão, visando a torná-lo menos vulnerável a assumir comportamentos de risco para o uso indevido de drogas, seu tráfico ilícito e outros comportamentos correlacionados;

II – promover a construção e a socialização do conhecimento sobre drogas no país;

Crime e Drogas

III – promover a integração entre as políticas de prevenção do uso indevido, atenção e reinserção social de usuários e dependentes de drogas e de repressão à sua produção não autorizada e ao tráfico ilícito e as políticas públicas setoriais dos órgãos do Poder Executivo da União, Distrito Federal, Estados e Municípios;

IV – (...).

Desta maneira, a Lei Antidrogas apresenta uma natureza dualista e dicotômica. De um lado, obedecendo à tendência internacional, cuidou do indivíduo sob a ótica da prevenção do uso indevido, da atenção e da sua reinserção social. De outro, igualmente se alinhando com a metodologia já adotada por outros países e com uma política de forte oposição ao tráfico de drogas, que se apresenta como a mais potente fonte de negócios ilícitos, valeu-se do modelo repressivo penal para o crime organizado e para o traficante. São, portanto, duas posturas claramente diversas: i) para o usuário e dependente a abordagem é de natureza socioeducativa; ii) para o traficante a aplicação de penas restritivas de liberdade.

Essa dualidade evidencia-se também quanto ao procedimento, pois, enquanto o usuário e o dependente têm os processos sob a jurisdição do Juizado Especial Criminal, o juízo comum foi destinado para a apreciação dos crimes de tráfico.

Assim, no Título II, que trata: Das atividades de prevenção do uso indevido, atenção e reinserção social de usuários e dependentes de drogas, mais precisamente no art. 18, ao cuidar da prevenção, prescreve:

Art. 18. Constituem atividades de prevenção do uso indevido de drogas, para efeito desta Lei, aquelas direcionadas para a redução dos fatores de vulnerabilidade e risco e para a promoção e o fortalecimento dos fatores de proteção.

Ademais, o art. 19 e seguintes acrescentaram os princípios e as diretrizes que as entidades de prevenção do uso de drogas devem observar, a saber:

Art. 19. As atividades de prevenção do uso indevido de drogas devem observar os seguintes princípios e diretrizes:

I – o reconhecimento do uso indevido de drogas como fator de interferência na qualidade de vida do indivíduo e na sua relação com a comunidade à qual pertence;

II – a adoção de conceitos objetivos e de fundamentação científica como forma de orientar as ações dos serviços públicos comunitários e privados e de evitar preconceitos e estigmatização das pessoas e dos serviços que as atendam;

III – o fortalecimento da autonomia e da responsabilidade individual em relação ao uso indevido de drogas;

IV – o compartilhamento de responsabilidades e a colaboração mútua com as instituições do setor privado e com os diversos segmentos sociais, incluindo usuários e dependentes de drogas e respectivos familiares, por meio do estabelecimento de parcerias;

V – a adoção de estratégias preventivas diferenciadas e adequadas às especificidades socioculturais das diversas populações, bem como das diferentes drogas utilizadas;

VI – o reconhecimento do "não-uso", do "retardamento do uso" e da redução de riscos como resultados desejáveis das atividades de natureza preventiva, quando da definição dos objetivos a serem alcançados;

VII – o tratamento especial dirigido às parcelas mais vulneráveis da população, levando em consideração as suas necessidades específicas;

VIII – a articulação entre os serviços e organizações que atuam em atividades de prevenção do uso indevido de drogas e a rede de atenção a usuários e dependentes de drogas e respectivos familiares;

IX – o investimento em alternativas esportivas, culturais, artísticas, profissionais, entre outras, como forma de inclusão social e de melhoria da qualidade de vida;

X – o estabelecimento de políticas de formação continuada na área da prevenção do uso indevido de drogas para profissionais de educação nos 3 (três) níveis de ensino;

XI – a implantação de projetos pedagógicos de prevenção do uso indevido de drogas, nas instituições de ensino público e privado, alinhados às Diretrizes Curriculares Nacionais e aos conhecimentos relacionados a drogas;

XII – a observância das orientações e normas emanadas do Conad;

XIII – o alinhamento às diretrizes dos órgãos de controle social de políticas setoriais específicas.

Parágrafo único. As atividades de prevenção do uso indevido de drogas dirigidas à criança e ao adolescente deverão estar em consonância com as diretrizes emanadas pelo Conselho Nacional dos Direitos da Criança e do Adolescente – Conanda.

Além disso, no Capítulo III, ao tratar das atividades de atenção e de reinserção social de usuários ou dependentes de drogas, a Lei Antidrogas estabelece, nos arts. 20 e subsequentes, o seguinte:

Art. 20. Constituem atividades de atenção ao usuário e dependente de drogas e respectivos familiares, para efeito desta Lei, aquelas que visem à melhoria da qualidade de vida e à redução dos riscos e dos danos associados ao uso de drogas.

Art. 21. Constituem atividades de reinserção social do usuário ou do dependente de drogas e respectivos familiares, para efeito desta Lei, aquelas direcionadas para sua integração ou reintegração em redes sociais.

Art. 22. As atividades de atenção e as de reinserção social do usuário e do dependente de drogas e respectivos familiares devem observar os seguintes princípios e diretrizes:

I – respeito ao usuário e ao dependente de drogas, independentemente de quaisquer condições, observados os direitos fundamentais da pessoa humana, os princípios e diretrizes do Sistema Único de Saúde e da Política Nacional de Assistência Social;

II – a adoção de estratégias diferenciadas de atenção e reinserção social do usuário e do dependente de drogas e respectivos familiares que considerem as suas peculiaridades socioculturais;

III – definição de projeto terapêutico individualizado, orientado para a inclusão social e para a redução de riscos e de danos sociais e à saúde;

IV – atenção ao usuário ou dependente de drogas e aos respectivos familiares, sempre que possível, de forma multidisciplinar e por equipes multiprofissionais;

V – observância das orientações e normas emanadas do Conad;

VI – o alinhamento às diretrizes dos órgãos de controle social de políticas setoriais específicas.

Finalmente, porém no mesmo Capítulo, a Lei Antidrogas dedica-se a cuidar os crimes e das penas, deixando uma determinação expressa ao juiz:

§ 7º O juiz determinará ao Poder Público que coloque à disposição do infrator, gratuitamente, estabelecimento de saúde, preferencialmente ambulatorial, para tratamento especializado.

Dessa forma, fica bem claro que o sujeito usuário ou dependente, mais do que um apenamento corporal, necessita de tratamento especializado, preferencialmente realizado em espaço ambulatorial, onde receberá atenção médica psiquiátrica, psicológica e de assistência social.

Não resta dúvida de que o art. 28 da Lei nº 11.343/2006, na esteira da lei anterior, foi editado para diferenciar o tratamento dado ao usuário e ao traficante, havendo uma tendência para transformar as penas ali descritas em sanções administrativas ou cíveis, visto que as medidas elencadas não se revestem de características criminais, mas de formas para diminuir os fatores de risco para o consumo e de aumentar os fatores de proteção no sentido da não continuidade do uso de drogas. As medidas aplicáveis ao usuário e/ou dependente de drogas não possuem uma natureza penal no aspecto clássico ou tradicional. Não têm força para configurar reincidência e nem mesmo antecedentes criminais.

Conforme antes referido, a genuína forma de prevenção é a prevenção primária, aquela vai à raiz do conflito antes que o problema se manifeste, configurando-se um tipo de intervenção que produz efeito somente a médio e longo prazo, quando a sociedade do imediatismo propugna soluções de curto prazo, geralmente expressas pela via da repressão.

Levando-se em consideração estes elementos e no que diz respeito ao uso e dependência de drogas, pode-se afirmar que se trata mesmo de uma lei de prevenção?

5.7. Críticas à lei antidrogas

Segundo Coutinho Junior[19] (2013), as medidas alternativas da Lei nº 11.343/2006, "não têm surtido o efeito esperado na repressão, punição e, menos ainda, na ressocialização do usuário dependente de drogas".

Além desta leitura, que ainda denota uma expectativa repressiva, é oportuno o pensamento de Gomes (2014, p. 114) ao referir que:

> Uma das características do populismo penal (demanda da opinião pública por mais punição + pressão midiática + legislação penal de endurecimento do sistema) consiste precisamente em preservar o Direito Penal afastado das ciências (médicas, criminológicas, etc.) ...Quanto mais obscurantismo mais eficientes (e conservadores do *status quo*) são os dogmas fundamentalistas (Gomes, 2014, p. 114).[20]

Já Callegari e Wedy (2008, p. 18)[21] referem o seguinte: "A postura do legislador brasileiro, infelizmente, não se modificou, pois observa-se, de forma nítida, a manutenção da expansão do Direito Penal, a redução do chamado Strafechts-

---

[19] COUTINHO JÚNIOR, Norberto. *Controvérsias a Respeito da Eficácia da Lei Antidrogas.* http://www.tjdft.jus.br/institucional/imprensa/artigos/2013/controversias -a-respeito-da-eficacia-da-lei-antidrogas-norberto-coutinho-junior, acessado em 20/5/2016.

[20] GOMES, Luiz Flávio. *Lei de drogas.* São Paulo: Revista dos Tribunais, 2014, p. 114.

[21] CALLEGARI, André Luis e Wedy, Miguel Tedesco (Orgs.). *Lei de Drogas: aspectos polêmicos à luz da dogmática penal e da política criminal.* Porto Alegre: Livraria do Advogado, 2008, p. 18.

freiraum (espaço livre do Direito Penal) e a diminuição das zonas de exercício das livres manifestações e opções pessoais. Enfim, continua sendo o vetusto Direito Penal um mecanismo de manutenção e controle dos modos de agir dos cidadãos".

Em outras palavras, apesar do alarde modernista, a Lei nº 10.343/2006 não trouxe mudanças significativas, pois a principal alteração está na despenalização do uso próprio, uma vez que descriminalização não houve, e, mesmo assim, dentro de um modelo sanitarista "ineficiente para ressocializar, mas eficiente para neutralizar" (Ferreira, 2011, p. 317).[22]

Na concepção de Ferreira (2011, p. 324), a resposta penal para quem é usuário e dependente de drogas é uma medida imprópria, crítica que estende à justiça terapêutica na medida em que aponta para a retomada do binômio droga-crime como medicalização da delinquência, "representando, sutil e dissimulado retorno ao sistema do duplo binário".

Restaria, assim, a proposta da redução de danos que desloca a atenção do uso de drogas, enquanto "uma prática a ser moralmente considerada certa ou errada, para as consequências ou efeitos deste comportamento, valoriza qualquer atitude no sentido de menor risco, além de oferecer uma ampla variedade de políticas e procedimentos que visam a minimizar as consequências do comportamento adicto, seja ele qual for, tal como refere Buttes (2011, p. 329),[23] citando Marlatt e Reghelin (2002).[24]

5.8. Para uma compreensão do sujeito e sua relação com a droga

Por derradeiro, sublinhando a linguagem metafórica do pensamento, vale referir que "a droga não é um espaço em

---

[22] FERREIRA, Pedro Luciano Evangelista. *Os programas de redução de danos (PRD) e a política criminal de drogas no Brasil*. Discursos sediciosos. Rio de Janeiro: Editora Renavan, Ano 15 números 17/18, 1º e 2º semestres de 2010, p. 318.

[23] BUTTES, Rita. *Necessário, somente o necessário ... A perspectiva da redução de danos na clínica da adolescência*. Discursos sediciosos. Rio de Janeiro: Renavan, Ano 15, numerous 17/18, 1o e 2o semestres de 2010.

[24] MARLATT, G. Allan. *Redução de danos: estratégias práticas para lidar com comportamentos de alto risco*. Porto Alegre: Artes Médicas, 1999,p. 45-46, e REGHELIN, Elisângela Melo. *Redução de danos: prevenção ou estímulo ao uso indevido de drogas injetáveis*. São Paulo: Revista dos Tribunais, 2002.

branco sobre o qual muitos tentam construir uma falsa ciência – a química comportamental -, mas, ao contrário, uma folha na qual se pode escrever, se escreve e se inscreve, toda a tragédia do crescimento afetivo, que só um 'alegre saber' pode discernir" (Dias, 1979, p. 126).[25] Para além disso, como mostra a fala de um dos personagens da obra Ali Babá – Droga: uma neurose diabólica do século vinte (1991, p. 17): "Sacrifiquei a voz ao corpo, para que este fosse desejo. Porém a voz do desejo não fala mais em mim. Hoje sou apenas carência e falta. Aonde a tempestade dos meus sinais biológicos pedia ordenação à linguagem, símbolos, palavras, rebentou o vazio de mim, essa soberba, ávida e insaciável, aonde se esgotam os ritos de compreensão, todos os sinais de solidariedade. Minto e não sou mentiroso, porque de verdade gostaria de ser verdadeiro, mas não sei mais alinhar as palavras senão para dizer da minha necessidade" (Dias, 1991, p. 17).[26]

Esta, talvez, seja a maneira de compreender psicológica e juridicamente o sujeito e sua relação de uso ou dependência da droga, uma condição que atinge alguns milhões de pessoas na sociedade contemporânea, mas que, na realidade, acompanha o homem desde a antiguidade, pois praticamente não se conhecem sociedades nas quais não se tenha praticado o uso de substâncias psicoativas, embora a pobreza de dados limite a qualidade da interpretação da história desse complexo fenômeno, repleto de mitos e fantasmas.

Fica ainda em aberta a discussão acerca do tipo de relação que se estabelece no binômio droga-crime/crime-droga, pois, embora a relação já não possa mais ser posta em causa, não estimamos saber qual dos fatores detém a precedência. Sabemos apenas que todos os problemas complexos não são fáceis de resolver a não ser que sigamos a máxima de Mencken, segundo a qual "para todo problema humano existe sempre uma solução fácil, clara, plausível e equivocada".

---

[25] AMARAL DIAS, Carlos. *O que se mexe a parar: estudos sobre a droga*. Porto: Afrontamento, 1979, p. 126.

[26] AMARAL DIAS, Carlos. *Ali Babá – Droga: uma neurose demoníaca do século vinte*. Lisboa: Escher, Fim do Século Edições Ltda. 1991, p.17.

Crime e Drogas

Conclusão

Analisadas as diferentes linhas que se centraram no estudo das ligações droga-crime, é possível perceber que haverá momentos em que, ao longo do trajeto desviante desta população, haverá uma relação causal entre estes dois comportamentos problemáticos. Contudo, tais momentos não podem nem devem ser generalizados, de forma a interpretarmos essa associação, entre consumo de drogas e práticas criminosas, de forma linearmente causal.

Indubitavelmente associados, os dois comportamentos muito raramente se ligam por uma relação de causa-efeito, sendo imperativo um olhar perspectivado nos processos psicológicos, com ênfase nas abordagens mais atuais, de caráter processual e com enfoque, não tanto na explicação, mas principalmente na compreensão do fenômeno. Importa pouco procurar o porquê, já que encontraremos múltiplos fatores implicados e deparar-nos-emos com os efeitos produzidos também pelas interações entre tais fatores. Portanto, será importante saber, não o porquê, mas como se desenvolveu um tal quadro de funcionamento.

A via para lidarmos com este tipo de população – e, sobretudo, para prevenirmos que mais jovens venham a se integrar nestas "fileiras"- está centrada na percepção e compreensão dos processos, e nunca na explicação dos resultados. É ainda importante ter a noção de que, opostamente ao que muito frequentemente é transmitido, o Especialista Droga-Crime constitui uma figura desviante muito complexa e extraordinariamente perigosa, estando nas ruas de todas as nossas cidades. Saliente-se: isso aponta para a necessidade imperiosa de pensar e desenhar programas de prevenção, primária, secundária e terciária, efetivamente eficazes. Ao contrário da ideia comumente divulgada, este indivíduo não é compreendido por todos, sendo até alvo de análises superficiais e perigosamente centradas em ideias previamente concebidas, e, portanto, preconceituosas, como a de que se trata de um criminoso que comete delito apenas para sustentar os seus consumos.

Como se verificou ao longo deste livro, longe de ser assim definido, o Especialista Droga-Crime exige um grau de conhecimento que ultrapassa este tipo de preconceito, para que se faça um trabalho adequado e propiciador de condições para a obtenção de resultados concretos. Para que melhor se compreenda o funcionamento global destes sujeitos, e numa tentativa de sistematizar a informação que até aqui foi transmitida, apresentamos a seguir um quadro que procura ilustrar um esquema de inteligibilidade para o fenômeno.

Quadro 16. Esquema de apresentação do tipo Especialista Droga-Crime e respetivo funcionamento global

Simultaneidade entre os dois Comportamentos

Estrutura de Vida BAIXA X Disponibilidade da Substância ALTA = *Consumo Abusivo*	Estrutura de Vida ALTA X Disponibilidade da Substância ALTA = *Consumo Regular*
Estrutura de Vida BAIXA X Disponibilidade da Substância BAIXA = *Relação Droga-Crime estabelecida* *"The Street Junkie"* (Faupel, 1987, 405)	Estrutura de Vida ALTA X Disponibilidade da Substância BAIXA = *Consumo Ocasional*

Estados	Dissipação existencial | Os princípios
Expressão operotrópica	Do não investimento
Circularidade oclusiva	Da instabilidade
Integração	Da unifinalidade
Implosão	Da evolução fechada (envolvimento)

- Vinculação predominantemente evitante, relações não investidas de afetos.
- Estado de anomia interna.
- Oscilação entre a passividade e a ação, dependendo das oscilações externamente impostas.
- Comportamentos pautados por irregularidades e imprevisibilidades.
- Múltiplos comportamentos transgressivos, descontínuos.

Referências

Agnew, R. (1999). The contribution of social-psychological strain theory to the explanation of crime and delinquency. In F. Adler & W. Laufer (Eds.). *The legacy of anomie theory: advances in criminological theory* (pp. 113-138). New Jersey: Transaction Publishers.

Agra, C. (1996). *A experiência portuguesa: programa de estudos e resultados*. Lisboa: Gabinete de Planeamento e de Coordenação do Combate à Droga.

Agra, C. & Matos, A. (1997). *Trajectórias desviantes*. Gabinete de Planeamento e de Coordenação do Combate à Droga.

Akers, R. (1999). *Criminological theories*: introduction and evaluation. London: Taylor & Francis Books.

American Psychiatric Association (2013). *Diagnostic and statistical manual of mental disorders* (5th Ed.). Washington: American Psychiatric Association.

American Psychiatric Association (2014). *DSM-5. Manual diagnóstico e estatístico de transtornos mentais* (5ª Ed.). Porto Alegre: Artmed.

Anda, R., Whitfield, C., Felitti, V., Chapman, D., Edwards, V., Dube, S. & Williamson, D. (2014). Adverse childhood expeririences, alcoholism parents, and later risk of alcoholism and depression. *Psychiatric Services*, *53*(8), 1001-1009.

Andrews, J., Tidesley, E., Hops, H., Duncan, S. & Severson, H. (2003). Elementary school age children's future intentions and use of substances. *Journal of Child and Adolescent Psychology*, *32*(4), 556-567.

Angel, P., Angel, S. & Valleur, M. (2002). Resenha histórica. In P. Angel, D. Richard & M. Valleur. *Toxicomanias* (pp. 25-35). Lisboa: Climepsi. (Original publicado em 2000).

Anglin, M. & Speckart, G. (1986). Narcotics use, property crime, and dealing: structural dynamics across the addiction career. *Journal of Quantitative Criminology*, *2*(4), 355-375.

Bean, P. (2004). *Drugs and crime* (2ª Ed.). United Kingdom: Willan Publishing.

Bennett, T. & Holloway, K. (2009). The causal connection between drug misuse and crime. *British Journal of Criminology*, *49*(4), 513-531.

Brochu, S. & Parent, I. (2005). *Les flambeurs. Trajectoires d'usagers de cocaine*. Ottawa: Les Presses de L'Université d'Ottawa.

Brochu, S. (2006). *Drogue et criminalité. Une relation complexe* (2ª Ed.). Montréal: Les Presses de l'Université de Montréal.

Buttes, R. (2010). Necessário, somente o necessário ... A perspectiva da redução de danos na clínica da adolescência. Discursos sediciosos. Rio de Janeiro: Editora Renavan.

Callegari, A. L. & Wedy, M. T. (2008). *Lei de Drogas*: aspectos polêmicos à luz da dogmática penal e da política criminal. Porto Alegre: Livraria do Advogado.

Capagno, E. F. (2015). *Legislação Penal Especial*. São Paulo: Revista dos Tribunais.

Carvalho, S. (2016). *Política criminal de drogas no Brasil*. Estudo criminológico e dogmático da Lei 11.343/06. São Paulo: Editora Saraiva.

Cusson, M. (2011). *Criminologia*. Alfragide: Casa das Letras.

Dias, A. (1979). *O que se mexe a parar*: estudos sobre a droga. Porto: Afrontamento.

Dias, C. (1991). *Ali Babá – Droga: uma neurose demoníaca do século vinte*. Lisboa: Escher, Fim do Século Edições.

Dias, J. F. & Andrade, M. (1984) *Criminologia. O homem delinquente e a sociedade criminógena*. Coimbra: Coimbra Editora.

Fagan, J. (1993). Interactions among drugs, alcohol, and violence. *Health Affairs, 12* (4), 65-79.

Ferreira, P. (2010). Os programas de redução de danos (PRD) e a política criminal de drogas no Brasil. *Discursos sediciosos*. Rio de Janeiro: Editora Renavan.

Fisher, W., Wolff, N., Grudzinskas, A., Roy-Bujnowski, K., Banks, S. & Clayfield, J. (2007). Drug-Related arrests in a cohort of public mental health service recipients. *Psychiatric Services, 58*(11), 1448-1453.

Garcia, F., Moreira, L., Assumpção, A. (2014). Neuropsicologia das dependências químicas. In D. Fuentes, L. Malloy-Diniz, C. Camargo, R. Cosenza (Eds). *Neuropsicologia. Teoria e prática* (pp. 242). Porto Alegre: Artmed.

García-Pablos, A. (2014). *Tratado de criminología*. Valencia: Tirant Lo Blanch.

Goldstein, P. (1995). Drugs and violence: Myth and reality. In L., Joseph, (Ed.). *Crime, communities, and public policy* (pp. 181-200). Chicago: University of Illinois Press.

Gomes, L. F. (2014). *Lei de drogas*. São Paulo: Revista dos Tribunais.

Becoña, E. (2002). *Bases científicas de la prevención de las drogodependencias*. Madrid, Ministerio del Interior. Delegación del Gobierno para el Plan Nacional sobre Drogas.

Becoña, E. & Martín, E. (2004). *Manual de intervención en drogodependencias*. Madrid: Sintesis.

Belcher, A., Volkow, N., Moeller, F., & Ferré, S. (2014). Personality traits and vulnerability or resilience to substance use disorders. *Trends in Cognitive Sciences, 18*(4), 211-217.

Bernburg, J. (2002). Anomie, social change and crime. A theoretical examination of institutional-anomie theory. *The British Journal of Criminology, 42*, 729-742.

Born, M. (2005). *Psicologia da delinquência* (M. Poléo, Trad.). Lisboa: Climepsi. (Original publicado em 2003).

Botvin, G. (1996). Substance abuse prevention through life skills training. In R. Peters, & R. McMahon. *Preventing childwood disorders, substance abuse, and delinquency* (pp. 215-240). London: SAGE Publications.

Brochu, S. (2006). *Drogue et criminalité. Une relation complexe* (2ª Ed.). Montréal: Les Presses de l'Université de Montréal.

Brochu, S., Cournoyer, L., Tremblay, J., Bergeron, J., Brunelle, N. & Landry, M. (2006). Understanding treatment impact on drug-addicted offenders. *Substance Use and Misuse, 41*, 1937-1949.

Brochu, S. & Parent, I. (2005). *Les flambeurs. Trajectoires d'usagers de cocaine*. Ottawa: Les Presses de L'Université d'Ottawa.

Brunelle, N., Cousineau, M.-M. & Brochu, S. (2005). Trajectoires déviantes de garçons et de filles. In N. Brunelle & M.-M. Cousineau (Eds.), *Trajectoires de déviance juvénille. Les éclairages de la recherche qualitative* (pp. 9-30). Canada: Presses de l'Université du Québec.

Chaiken, J. & Chaiken, M. (1990). Drugs and predatory crime. In M. Tonry & J. Wilson (Eds.). *Drugs and crime: crime and justice* (pp. 203-239). Chicago: University of Chicago Press.

Chalub, M. & Telles, L. (2006). Álcool, drogas e crime. *Revista Brasileira de Psiquiatria, 28*(2), 69-73.

Crime e Drogas

Chambers, R., Taylor, J., & Potenza, M. (2003). Developmental neurocircuitry of motivation in adolescence: a critical period of addiction vulnerability. *American Journal of Psychiatry, 160*(6), 1041-1052.

Conner, B, Stein, J. & Longshore, D. (2009). Examining self-control as a multidimensional predictor of crime and drug use in adolescents with criminal histories. *Journal of Behavioral Health Services & Research, 36*(2), 137-149.

Claes, L., Tavernier, G., Roose, A., Bijttbier, P., Smith, S. & Lilenfeld, S (2014). Identifying personality subtypes based on the Five-Factor Model dimensions in male prisoners. Implications for psychopathy and criminal offending. *International Journal of Offender Therapy and Comparative Criminology, 58* (1), 41-58.

Cloninger, C. (2005). Antisocial personality disorder: a review. In M. Maj, H. Akiskal, E. Mezzich & A. Okasha (Eds.), *Personality disorders* (pp. 125-169). New York: John Wiley and Sons.

Cusson, M. (2005). *Criminologia* (J. Castro, Trad.). Cruz Quebrada: Casa das Letras/ Editorial Notícias. (Original publicado em 2002).

Damm, A. & Dustmann, C. (2014). Does Growing Up in a High Crime Neighborhood Affect Youth Criminal Behavior? *The American Economic Review, 104* (6), 1806-1832.

Debuyst, C. (1985). *Modèle éthologique et criminologie.* Bruxelles: Pierre Mardaga Editeur.

Demaret, I., Deblire, C., Litran, G., Magoga, C., Quertemont, E., Ansseau, M. & Lemaitre, A. (2015). Reduction in acquisitive crime during a heroin-assisted treatment: a post-hoc study. *Journal of Addiction Research & Therapy, 6*(1). doi: 10.4172/2155-6105.1000208

Derefinko, K. & Lynam, D. (2007). Using the FFM to conceptualize psychopathy: a test using drug abusing sample. *Journal of Personality Disorders, 21* (6), 638-656.

Dias, J. & Andrade, M. (1997). *Criminologia.* O homem delinquente e a sociedade criminógena. Coimbra: Coimbra Editora.

Digman, J. (1996). The curious history of the five-factor model. In J. Wiggins (Ed.). *The Five-factor Model of Personality: Theoretical Perspectives* (pp. 1-20). New York: Guilford Press.

D'Orbán, P. (1973). Female narcotic addicts: A follow-up study of criminal and addiction careers. *British Medical Journal, 4*, 345-347.

Doron, R. & Parot, F. (2001). *Dicionário de psicologia* (Gabinete de Tradução da Climepsi, Trad.). Lisboa: Climepsi. (Original publicado em 1991).

Drecun, M. & Tow, J. (2014). The violence externality in crack markets: market analysis and policy options. *LBJ Journal of Public Affairs, 22*, 41-59.

DuPont, R. (2005). *Cérebro álcool e drogas. O cérebro egoísta: aprender com dependências* (A. André, Trad.). Lisboa: Instituto Piaget. (Original publicado em 1997).

Entorf, H. & Spengler, H. (2002). *Crime in Europe. Causes and consequences.* New York: Springer.

Escohotado, A. (2004). *Historia general de las drogas* (6ª Ed.). Madrid: Editorial Espasa Calpe.

Eysenck, H. & Eysenck, S. (1970). Crime and personality: an empirical study of the three factor theory. *British Journal of Criminology, 10*, 225-239.

Eysenck, H. & Eysenck, M. (1992). *Personality and individual differences. A natural science approach* (3º Ed.). New York: Plenum Press.

Farate, C. (2000). *O acto do consumo e o gesto que consome.* Coimbra: Quarteto editora.

Farrington, D. (1996). The explanation and prevention of youthful offending. In J. Hawkins (Ed.). *Delinquency and crime. Current theories* (pp. 68-148). New York: Cambridge University Press.

Farrington, D. (2004). Criminological Psychology in the twenty-first century. *Criminal Berhaviour and Mental Health, 14* (3), 152-166.

Farrington, D. (2005). Childhood origins of antisocial behaviour. *Clinical Psichology & Psychotherapy, 12* (3), 117-190.

Farrington, D. (2008). The integrated cognitive antisocial potential (ICAP) theory. In D. Farrington (Ed.). *Integrated developmental in criminological theory* (pp. 73-93). New Jersey: Transaction Publishers.

Faupel, C. (1987). Drug availability, life structure, and situational ethics of heroin addicts. *Journal of Contemporary Ethnography, 15* (3-4), 395-419. doi: 10.1177/089124168701500305.

Faupel, C. (1991). *Shooting dope: career patterns ofhard-core heroin users.* Gainesville: University of Florida Press.

Faupel, C. & Klockars, C. (1987). Drugs-Crime connections: elaborations from the life histories of hard-core heroin addicts. *Social Problems, 34*(1), 54-68.

Fazel, S., Bains, P. & Doll, H. (2006). Substance abuse and dependence in prisioners: a systematic review. *Addiction, 101*(2), 181-191.

Feffermann, M. (2013). Reflexões sobre os jovens inseridos no tráfico de drogas: uma malha que os enreda. *Saúde e Transformação Social, 4*(2), 55-65.

Feldman, M. (1978). *Criminal behavior: a psychological analysis.* New York: John Wiley.

Ferreira, P. & Martini, R. (2001). Cocaína: lendas, história e abuso. *Revista Brasileira de Psiquiatria, 23*(2), 96-99.

Fischer, G. (1994). *A dinâmica social. Violência, poder, mudança* (F. Soares & P. Pisco, Trad.). Lisboa: Planeta Editora/ISPA. (Original publicado em 1992).

Fite, P., Raine, A., Stouthamer-Loeber, M., Loeber, R. & Pardini, D. (2010). Reactive and proactive aggression in adolescents males. Examining differential outcomes 10 years later in early adulthood. *Criminal Justice and Behavior, 37*(2), 141-157.

Freud, S. (1924). *Nevrose, psychose et perversion.* Paris: Presses Universitaires de France.

Gains, L. & Kremlin, J. (2014). *Drugs, crime, and justice: contemporary perspectives.* Illinois: Waveland Press.

Gao, Y, Raine, A., Venables, P., Dawson & Mednick, S. (2010). Association of childhood fear conditioning and adult crime. *American Journal of Psychiatry, 167* (1), 56-60.

García-Pablos, A. (1988). *Manual de criminología. Introducción y teorías de la criminalidad.* Madrid: Espasa-Calpe.

Giddens, A. (1972). *Emile Durkheim. Selected writings.* Cambridge: Cambridge University Press.

Goffman, E. (2003). *A representação do Eu na vida cotidiana* (11ª Ed.; M. Raposo, Trad.). Petrópolis: Editora Vozes. (Original publicado em 1959).

Goodey, J. (2000). Biographical lessons for criminology. *Theoretical Criminology, 4*(4), 473-498.

Godfrey, B., Lawrence, P., & Williams, C. (2008). *History and crime.* London: SAGE.

Goldstein, P. (1985). The drugs/violence nexus: A tripartite conceptual framework. *Journal of Drug Issues, 39,* 143-174.

Goldstein, A. (2001). *Addiction: from biology to drug policy.* Oxford: Oxford University Press.

Gossop, M. (2010). Substance use disorders. In G. Towl & D. Crighton (Eds.). *Forensic Psychology* (pp. 346-359). New York: John Wiley & Sons.

Guenther, A. (1976). *Criminal behavior and social systems. Contributions of american sociology* (2ª Ed.). Chicago: Rand McNally College Publishing Company.

Guerra, I. (2006). *Pesquisa qualitativa e análise de conteúdo. Sentidos e formas de uso.* Estoril: Principia Editora.

Hammersley, R. (2008). *Drugs & crime: Theories and practices.* Cambridge: Polity Editorial.

Crime e Drogas

Hansenne, M. (2004). *Psicologia da personalidade*. Lisboa: Climepsi.

Henry, S. (2006). Crime. In E. McLaughlin, & J. Muncie (Eds.). *The SAGE dictionary of criminology* (2nd Ed.; pp. 78-81). London: SAGE.

Hill, H., Haertzen, C., & Glaser, R. (1960). Personality characteristics of narcotic addicts as indicated by the MMPI. *The Journal of General Psychology, 62*(1), 127-139.

Hirschi, T. (2002). *Causes of delinquency*. With a new introduction by the author. New Jersey: Transaction Publishers.

Holmes, D. S. (1977). *Psicologia dos Transtornos Mentais*. Porto Alegre: Artmed.

Janosz, M., Le Blanc, M., & Boulerice, B. (1998). Consommation De Psychotropes Et Delinquance: De Bons Predicteurs De L'abandon Scolaire?.*Criminologie*, 87-107.

Jessor, R. (1991). Risk behavior in adolescence: a psychosocial framework for understanding and action. *Journal of Adolescent Health, 12*, 597-605.

Johnson, J. et al. (2000). Adolescent personality disorders associated with violence and criminal behavior during adolescence and early adulthood. *American Journal of Psychiatry, 157*, 1406-1412.

Kalivas, P. W., & Volkow, N. D. (2005). The neural basis of addiction: a pathology of motivation and choice. *American Journal of Psychiatry, 162*(8), 1403-1413.

Kandel, E. & Kandel, D. (2014). A molecular basis for nicotine as a gateway drug. *The New England Journal of Medicine, 3*, 932-943.

Kaplan, H., Sadock, B. & Grebb, J. (2003). *Compêndio de psiquiatria*. ciências do comportamento e psiquiatria clínica (7ª ed., D. Baptista, Trad.). São Paulo: Artmed. (Original publicado em 1994).

Keene, J. (2005). A case-linkage study of the relationship between drug misuse, crime, and psychosocial problems in a total criminal justice population. *Addiction Research & Theory, 13*(5), 489-502.

Kendler, K., Ohlsson, H., Sundquist, K., & Sundquist, J. (2015). The causes of parent–offspring transmission of drug abuse: a Swedish population-based study. *Psychological Medicine, 45*(01), 87-95.

Koudela, M. (2007). Criminologia: a interdisciplinaridade na investigação das origens do crime e o consenso quanto à prevenção. *Revista Jurídica do Centro de Ciências Jurídicas da Universidade Regional de Blumenau, 11* (22), 29-40.

Kuhns, J. & Clodfelter, T. (2009). Illicit drug-related psychopharmacological violence: the current understanding within a causal context. *Aggression and Violent Behavior, 14*(1), 69-78.

Lallemand, A. & Schepens, P. (2005). *As novas drogas da geração Rave* (A. Rabaça, Trad.). Lisboa: Instituto Piaget. (Original publicado em 2002).

Lambert, K. & Kinsley, C. H. (2006). *Neurociência clínica*. Porto Alegre: Artmed.

Le Blanc, M. (1996). *Adolescence en difficulté, délinquence et drogues*: politiques socials et interventions preventives et curatives, quelques leçons des recherches scientifique. Conférence prononcée au Symposium Youth… now and in the future. Ribeirão Preto. São Paulo. Brasil.

Leggett, V., Jacobs, P., Nation, K., Scerif, G. & Bishop, D. (2010). Neurocognitive outcomes of individuals with a sex chromosome trisomy: XXX, XYY, or XXY. *Neurology, 52*, 119-129.

León-Carrión, J. & Chacartegui, J. (2003). Blows the head during development can perdispose to violent criminal behaviour : rehabilitation of consequences of head injury is a measure for crime prevention. *Brain injury, 17* (3), 207-216.

Leshner, A. (1997). Addiction is a brain disease, and it matters. *Science, 278*(5335), 45-47.

Lyman, M. (2014). *Drugs in society* (7th Ed.). London: Anderson Publishing.

Lynam, D., Caspi, A., Moffitt, T., Raine, A., Loeber, R. e Stouthamer-Loeber, M. (2005). Adolescent psychopathy and the big five; results from two samples. *Journal of Abnormal Child Psychology, 33* (4), 431-443.

MacCoun, R., Kilmer, B. & Reuter, P. (2003). Research on drugs-crime linkage: the next generation. In J. Ashcroft, D. Daniels & S. Hart (Eds.). *Toward a Drugs and Crime Research Agenda for the 21st Century. Special report* (pp. 65-90). Washington: U.S. Department of Justice Office of Justice Programs.

Maher, L. (1997). *Sexed work*: Gender, race, and resistance in a Brooklyn drug market. New York: Oxford University Press.

Mallik-Kane, K. & Visher, C. (2008). *Health and prisoner reentry*: how physical, mental, and substance abuse conditions shape the process of reintegration. Washington: The Urban Institute. Justice Policy Center.

Manita, C. (1997). *Personalidade e acção em consumidores de droga e delinquentes*. Gabinete de Planeamento e de Coordenação do Combate à Droga.

Marlatt, G. A. (1999). *Redução de danos*: estratégias práticas para lidar com comportamentos de alto risco. Porto Alegre: Artes Médicas.

Martin, I., Palepu, A., Wood, E., Li, K., Montagner, J. & Kerr, T. (2009). Violence among street-envolved youth: the role of methamphetamine. *European Addiction Research, 15*, 32-38.

McCrae, R. & Allik, J. (2002). Section III: Methodological and theoretical perspectives. R. McCrae, R. & J. Allik (Eds.). *The five-factor model of personality across cultures* (pp. 279-280). New York: Springer.

McCrae, R. & Costa, P. (1997). Personality trait structure as a human universal. *American Psychologist, 52* (5), 509-516.

McCrae, R. & Costa, P. (2001). A five-factor theory of personality. In L. Pervin & O. John (Eds.). *Handbook of personality. Research and theory* (2ª Ed.; pp. 139-153). New York: Guilford Press.

Mednick, S., Gabrielli, W. & Hutchings, B. (1984). Genetic influences in criminal convictions: Evidence from an adoption cohort. *Science, 224* (4651), 891-894.

Merton, R. (1999). Oppurtunity structure: the emergence, diffusion, and differentiation of a sociological concept, 1930's-1950's. In F. Adler & W. Laufer (Eds.). *The legacy of anomie theory: advances in criminological theory* (pp. 3-112). New Jersey: Transaction Publishers.

Morel, A., Boulanger, M., Hervé, F. & Tonnelet, G. (2001). *Prevenção das toxicomanias*. Lisboa: Climepsi.

Morris, T. (1957/2013). *The criminal area: a study in social ecology*. New York: Routledge.

Moss, H., Lynch, K., Hardie, T., & Baron, D. (2002). Family functioning and peer affiliation in children of fathers with antisocial personality disorder and substance dependence: associations with problem behaviors. *American Journal of Psychiatry, 159*(4), 607-614.

Muñoz, J. (2013). La evaluación psicológica forense del daño psíquico: propuesta de un protocolo de actuación pericial. *Anuario de Psicología Jurídica, 23*, 61-69.

Negreiros, J. (2006). Intervenções motivacionais na toxicodependência: teoria e prática. In A. Castro, M. Simões, M. Taborda & M. Pinho (Eds). *Psicologia forense* (pp. 523). Coimbra: Almedina.

Newburn, T. (2007). *Criminology*. United Kingdom: Willam Publishing.

Nunes, L. (2010a). *Crime e comportamentos criminosos*. Porto: Edições UFP.

Nunes, L. (2010b). Delinquência e consumo de drogas: risco, proteção e prevenção. *Ousar Integrar-Revista de Reinserção Social e Prova, 5*, 63-72.

Nunes, L. (2011a). *Droga-Crime: (des)construções*. Porto: Edições UFP.

Nunes, L. (2011b). Sobre a psicopatia e a sua avaliação. *Arquivos Brasileiros de Psicologia, 63* (2), 39 – 48.

Nunes, L. (2011c). O toxicodependente sob a perspectiva da vitimação. In A. Sani (Ed.). *Temas de vitimologia – realidades emergentes na vitimação e respostas sociais* (pp. 241 – 266). Coimbra: Almedina.

Crime e Drogas

Nunes, L. & Sani, A. (2013). Victimization of the Drug Addict. *Journal of Modern Education Review, 3* (9), 243 – 250.

Nunes, L. & Sani, A. (2015). Adicción a las drogas y victimación: revision . *Psicología y Salud, 25* (2).

Nunes, L. & Trindade, J. (2015). *Percursos criminais-desenvolvimento, controlo, espaço físico e desorganização social*. Porto Alegre: Livraria do Advogado.

Observatorio Europeo de las Drogas y las Toxicomanías (2007). *Drogas en el punto de mira*. Drogas y delincuencia: una relación compleja. Hacia una definición de la delincuencia relacionada con la droga. Oficina de Publicaciones Oficiales de las Comunidades Europeas.

Olievenstein, C. (1991). Toxicomania e destino do homem. In J. Bergeret & J. Leblanc (Eds.). *Toxicomanias: uma visão multidisciplinar* (p. 262) Porto Alegre: Artmed.

Organização Mundial de Saúde (1993). *Classificação internacional de doenças*. CID-10 (10ª Ed.). Porto Alegre: Artes Médicas.

Organização Mundial de Saúde. (2006). *Psychoaqctive substances, 11*(23). Disponível em http://www.who.int/substance_abuse/terminology/psychoactive_substances/en/index.html.

Oetting, E. & Donnermeyer, J. (1998). Primary socializtion theory: the etiology of drug use and deviance. *Substance Use and Misuse, 33*(1), 995-1026.

Oetting, E., Deffenbacher, J. & Donnermeyer (1998). Primary socializtion theory: the role played by personal traits in the etiology of druf use and deviance. *Substance Use and Misuse, 33*(2), 1337-1366.

Oetting, E., Donnermeyer, J. & Deffenbacher, J. (1998). Primary socialization theory: the influence of the community on drug use and deviance. *Substance Use and Misuse, 33*(3), 1629-1665.

Padula, C., McQueeny, T., Lisdahl, K., Price, J., & Tapert, S. (2015). Craving is associated with amygdala volumes in adolescent marijuana users during abstinence. *The American Journal of Drug and Alcohol Abuse, 41*(2), 127-132.

Parent, I. e Brochu, S. (1999). *Quand les trajectoires toxicomanes et délinquants se rencontrent: dix toxicomanes se racontent*. Recherches et Intervention sur les Substances Psicoactives (RISQ). Disponível em https://depot.erudit.org/retrieve/865/000213pp.pdf

Pearson, G. & Gilman, M. (2005). Drug epidemics in space and time: local diversity, subcultures and social exclusion. In J. Strang & M. Gossop (Eds.) *Heroin addiction and the british system: origins and evolution* (pp. 103-122). New York: Routledge.

Peelo, M., & Soothill, K. (2005). *Questioning crime and criminology*. Oregon: Willan Publishing.

Pierce, M. et al. (2015). Quantifying crime associated with drug use among a large cohort of sanctioned offenders in England and Wales. *Drugs and Alcohol Dependence, 155*, 52-59.

Pillon, S. & Luis, M. (2004). Modelos explicativos para o uso de álcool e drogas e a prática da enfermagem. *Revista Latino-americana de Enfermagem, 12*(4), 676-682.

Ploeg, J. & Scholte, E. (1997). *Homeless youth*. London: SAGE.

Poiares, C. (1999). Contribuição para uma análise histórica da droga. *Toxicodependências, 5*, 3-12.

Raine, A., Brennan, P., Mednick, B. & Mednick, S. (1996). High rates of violence, crime, academic problems, and behavioral problems in males with both early neuromotor deficits and unstable family environments. *Archives of General Psychiatry, 53* (6), 544-549.

Robert, P. (2007). *Sociologia do crime* (L. Perretti, Trad.). Petrópolis: Editora Vozes. (Original publicado em 2005).

Robinson, T. & Berridge, K. (1993). The neural basis of drug craving: an incentive-sensitization theory of addiction. *Personality and Social Psychology Bulletin, 25*, 247-291.

Rocha, M., Formiga, N. & Lopes, E. (2014). Esquemas de personalidade mais prevalentes em indivíduos que praticaram crimes. *Psicologia Revista, 23* (2), 197-217.

Rosenberg, K. & Feder, L. (2014). An introduction to behavioral addictions. In K. Rosenber & L. Feder (eds.). *Behavioral addictions. Criteria, evidence, and treatment* (pp. 1-17). London: Elsevier.

Ross, L. (2008). Criminal justice pioneers: a content analysis of biographical data. *Journal of Criminal Justice, 36*(2), 182-189.

Santos, M. & Kassouf, A. (2007). Uma investigação econômica da influência do mercado de drogas ilícitas sobre a criminalidade brasileira. *Economia, 8*(2), 187-210.

Sayago, C., Lucena-Santos, P., Horta, R., & Oliveira, A. (2014). Clinical and cognitive profile of hospitalized crack users. *Psicologia: Reflexão e Crítica, 27*(1), 21-28.

Schenker, M. & Minayo, M. (2004). A importância da família no tratamento do uso abusivo das drogas: uma revisão da literatura. *Cadernos de Saúde Pública, 20*(3), 649-659.

Schimmenti, A., Passanisi, A., Pace, U., Manzella, S., Di Carlo, G. & Caretti, V. (2014). The relationship between attachment and psychopathy: a study with a sample of violent offenders. *Current Psychology, 33* (3), 256-270.

Schug, R., Gao, Y., Glenn, A., Peskin, M., Yang, Y & Raine, A. (2010). The developmental evidence base. Neurobiological research and forensic applications. In G. Towl, & D. Crighton (Eds.). *Forensic Psychology* (pp. 73-94). New York: John Wiley and Sons.

Seddon, T. (2000). Explaining the drug-crime link: theoretical, policy and research issues. *Journal of Social Policy, 29*, 95-107.

Seddon, T. (2006). Drugs, crime and social exclusion. Social context and social theory in british drugs–crime research. *British Journal of Criminology, 46*(4), 680-703.

Seibel, D. & Toscano Jr., A. (2001). Conceitos básicos e classificação geral das substâncias psicoactivas. In S. Seibel & A. Toscano Jr. *Dependência de drogas* (pp. 1-6). São Paulo: Editora Atheneu.

Siegel, L. (2012). *Criminology* (11th Ed.). Belmont: Wadsworth.

Snyder, H. & Sickmund, M. (1995). *Juvenile offenders and victims: a national report.* Washington: Office of Juvenile Justice and Delinquency Prevention.

Stephens, R. & Ellis, R. (1975). Narcotic addicts and crime. Analysis of recent trents. *Criminology, 12*(4), 474-488.

Taniguchi, T., Ratcliffe, J. & Taylor, R. (2012). Gang set space, drug markets, and crime around drug corners in Canden. *Journal of Research in Crime and Delinquency, 48* (3), 327-363.

Tehrani, J. & Mednick, S. (2002). Influências genéticas no comportamento criminal. In A. Fonseca (Ed.). *Comportamento anti-social e família. Uma abordagem científica* (pp. 301-316). Coimbra: Livraria Almedina.

Teixeira, J. (1993). *Toxicodependência e auto-organização.* Lisboa: Instituto Piaget.

Tieghi, O. N. (2016). *Tratado de criminologia.* Buenos Aires: 20XII Grupo Editorial.

Tieghi, O. N. (no prelo). Criminologia. In R. Maia, L. Nunes, S. Caridade, A. Sani, L. Afonso, R. Estrada, C. Nogueira, & H. Fernandes (Eds.). *Dicionário – crime, justiça e sociedade.* Lisboa: Sílabo.

Torres, A. & Gomes, M. (2005). Drogas e prisões: relações próximas. *Toxicodependências, 11*(2), 23-40.

Toscano Jr., A. (2001). Um breve histórico sobre o uso das drogas. In S. Seibel & A. Toscano Jr. *Dependência de drogas* (pp. 7-24). São Paulo: Editora Atheneu.

Vaillant, G. (1966). A twelve years follow-up of New York narcotic addicts: Some social psychiatric characteristics. *Archives of General Psychiatry, 15*, 599-609.

Crime e Drogas

VandenBos, G. R. (2010). *Dicionário de Psicologia*. American Psychological Association. Porto Alegre: Artmed.

Vitaro, F., Pedersen, S. & brendgen, M. (2007). Children's disruptiveness, peer rejection, friend's deviancy, and delinquent behaviors: a process-oriented approach. *Development and Psychopathology, 19*(2), 433-453.

Weber, M. (2005). *Conceitos sociológicos fundamentais* (3ª Ed.; A. Mourão, Trad.). Lisboa: Edições 70. (Original publicado s/d).

Wiesner, M., Kim, H. & Capaldi, D. (2005). Developmental trajectories of offending: validation and prediction to young adult alcohol use, drug use, and depressive symptoms. *Development and Psychopathology, 17* (1), 251-270.

Wilson, J. (2013). *Thinking about crime* (revised edition). New York: Basic Books.

Wise, R. & Bozarth, M. (1987). A psychomotor stimulant theory of addiction. *Psychological Review, 94*(4), 469-492.

Wikstrom, P.-O. & Sampson, R. (2003). Social mechanisms of community influences on crime and pathways in criminality. In B. Lahey, T. Moffitt & A. Caspi (Eds.). *Causes of conduct disorder and juvenile delinquency* (118-148). New York: The Guilford Press.

Yu, R., Geddes, J. & Fazel, S. (2012). Personality disorders, violence, and antisocial behavior: a systematic review and meta-regression analysis. *Journal of Personality Disorders, 26* (5), 775-792.